音の糸

toshiyuki horie
堀江敏幸

小学館

音の糸　目次

装幀　間村俊一

音の糸

青少年のいる光景

たがいに無関心を装いながらゆるい坂道をのぼってきた人々の大半が、丘のうえの交差点を直進して、目的地の絞られる一本道へぞろぞろ入り込んでいく。私はひどく混乱しはじめていた。映画館や劇場やコンサートホールの周辺に大きな人波が生まれるのは自然な現象ではあるけれど、この人たちがみなおなじ空間を埋めるためにやってきたのだとしたら、自分が重大な過ちを犯したことになる。目の前には黒い鞄をさげた中年男性、右手には楽しそうに言葉をかわしている中年女性の二人組、左手には明らかに夫婦と思われる初老の男女がいた。同年代の若者の姿は、流れのはるか先のほうにしか見えない。チケットを取り出して、粗い熱転写の文字を何度も確認する。しかし、日付の横には、まちがいなく「青少年のためのコンサート」という文言が刻まれていた。

お役所のにおいのする巨大な建物の入口には、扇状に組み直された流木のような人の群れができていて、その中心で係員らしい黒服の男性が、外見をものともせず青少年として振る舞う人々を館内へ導いている。門前で拒まれる者などひとりもいない。納得のいかないまま薄暗いホールの三階席に腰を下ろすと、やがて、十代の頃からFM放送やLPレコードを通して聴いてきた国際的ピアニストが人形浄瑠璃の身ごなしでするすると舞台中央にあらわれ、低い椅子をもう一段低く調整してから、黒光りする鯨を長い指で愛撫しはじめた。

美しく秀でた額と薄くなりかけた髪。両腕が優雅なくらげになって、すり鉢の底でひらひらと舞う。その動きを追っていると、音が消え失せて映像だけになり、音楽に耳を澄ませていると、もともと形の崩れたくらげがさらに崩れる。静止画像になったり早送りになったり、音と映像が最後まで同期せず、しかし全体としてはひとつしかない稀有な空間が立ちあがっていた。

プログラムはすべてベートーヴェンのソナタで、幕開けは《葬送》、それから《告別》《テレーゼ》《熱情》とつながり、アンコールは《六つのバガテル》だった気がする。いや、もう一、二曲あっただろうか。後日、この演奏会の模様をＦＭの録音放送であらためて聴いたとき、隅々まで調整された、海洋生物のいない嘘のように鮮明な音を、喜びととまどいの入り混じった複雑な想いで受けとめたものだ。

この体験を、私はいつのまにかひとつの「お話」に仕立てあげていたらしい。田中小実昌の口調を真似るなら、学生だった頃、都心の高台にあるホールで青少年のためのと銘打つコンサートがあって、抽選のチケットをなんとか手に入れて出かけてみたら、まわりの席にいたのはなぜかおじさんおばさんばかりだった、どうして彼らがすんなり入れたのか、運営側の解釈と青少年という言葉の定義についてあれこれ考えているうち、演奏は終わってしまった、釈然としないので、あとから録音放送を聴いてみたところ、現場の音よりもはるかによかった、云々と。実際、チケットは抽選で、応募には年齢制限があり、身分証明書のコピーも必要だったので、これらの条件を指標にして演奏会があった年を逆算し、学生の頃とぼかすかわりに正確な年号をも口にしてきたのだ。

ところが、先日、ある場所でこの話を披露したところ、右のピアノ弾きをずっと追いかけてきたという粋人がたまたまそこに居合わせて、あなたのお聴きになったのがそのプログラムなら、演奏会は二年以上あとのものになりますよと、記憶ちがいを指摘してくださったのである。いったい、なぜそんなずれが生じたのか。余人は知らず、ここには、私が音の記憶の糸をたぐり寄せるときに引っかかる、奇妙な突起のようなものがあるらしい。しかもそれは、この「お話」にかぎったことではないのだ。絡まった糸を一本ずつ解きほぐしていったら、その先になにかが見えてくるのだろうか。あるいは、いつまでたっても絡まったままで終わるのだろうか。

音の発毛促進

あいつはすごいぞ、百五十万円もする立派なステレオを買ってもらって、クラシック音楽を満喫してるそうだ。朝、担任の先生はいつものゆったりした口調でそう言うと、教室いっぱいの笑みを浮かべた。視線の先で、とくに親しくしているわけではないけれど疎遠でもない、不思議な距離の友人が、顔を赤らめ、手を振りながら周囲の騒ぎを抑えようとしている。小学校の家庭訪問という公的な儀式に則って、先生は前日、友人宅に出かけていたのだ。放課後、あの話は本当かと尋ねてみると、数字に問題があるだけで、買ってもらったことは事実だと言う。それから友人は少し声を落として、今日、聴きに来ないか、と私を誘った。

言葉を交わすようになったのは、音楽室でのことだった。若い音楽の先生が、バロックから現代におよぶ重要な作曲家たちのいかめしい肖像画を壁一面にめぐらした教室で、昼休みにレコードを聴かせてくれたのだ。研究会で発表するために確認しておきたいことがあって、自宅ではそれを明らかにしうるだけの音量で再生できないというもっともらしい理由がついていたけれど、聴きたい人は来なさいと言われたので、給食のあとのドッジボールの誘いを断って行ってみると、教室にいたのは先生とその友人だけだった。

なにを聴かせてもらったのか、ロッシーニという名前を先生が発したことと、管楽器の音が美しかったことしか覚えていない。持参の一枚を鳴らしたあとは、備え付けのキャビネットに入っているドーナツ盤の教育用レコードのなかから歌曲を何枚か聴かせてくれた。余計なことは、なにも尋ねなかった。好きな一節があれば、それを楽しんでいればいいという構えである。あの頃はレコード店でよくヴィヴァルディの《四季》が流れていて、私はフォークソングのレコードを眺めながらイ・ムジチ合奏団とパイヤール室内管弦楽団の名を覚えた口だったが、友人の体験も似たようなもので、正当な音楽の知識などまったくなかった。勉強ではないその日の空気は、だからとてもありがたかった。

音楽室でのレコード鑑賞は、この一回で終わった。時間外での使用に、上から注意があったらしい。とはいえ、最初で最後のこの催しがなかったら、私は彼と話をするようにはならなかっただろう。以後、適度な間を置いて、私たちはラジオで聴いたりレコード店で耳にしたりした音楽の情報を、ぽつぽつ交換するようになった。そして共にまだ、自由に使える再生装置を持っていなかった。

学校の帰り、いっしょに友人宅に行くと、平屋の町営住宅の、玄関を入ってすぐの三畳間に、白っぽいプラスチック製のモジュラーステレオが燦然と輝いていた。百五十万じゃなくて一万五千円さ。彼は笑って、一枚しかないレコードを聴かせてくれた。《運命》と《未完成》のカップリング。指揮はヘルベルト・フォン・カラャン。レコード店の新譜の棚で見慣れていた黒と黄色のジャケットではなかったから、演奏はフィルハーモニア管弦楽団だったろう。

本体からはみ出ているLPの溝を、吹けば飛ぶような軽いアームの先に取りつけられた針が上下しながらたどっていく。音はもごもご、演奏はきびきびしていた。良し悪しなど理解できるはずもない。ただ、私はなぜかその音に、角の丸くなった四角い石をてのひらで包んだような、重くてやさしい印象を受けた。思いやりのある音だと感じた。後年、この和製発毛促進薬みたいな名前の巨匠が正反対の理由で叩かれているのを見聞きするたびに、友人といっしょに楽しんだ小さな音楽会の折の感想を思い出して当惑したものだ。あのときの音は、記憶の毛根にそっと植え付けられたまま、いまも消えずに残っている。

ひとりのなかのふたり

中学校の音楽室の再生装置が、一新された。せっかく新しい機器になったのだから、聴きたいレコードがあれば持ってらっしゃい、短い曲ならかけてあげます、と先生が言うので、小学校で立ち消えになった鑑賞の機会ふたたびとばかりに、アンタル・ドラティ指揮、ロンドン交響楽団の《ハンガリー舞曲》を持っていった。フォンタナから出ていた廉価盤である。リニアフェイズ・スピーカーの先駆けとなった名機でそれを鳴らしてもらった。想像していたよりも明るく軽い音だった。舞いは外に展開し、民族音楽的な舞曲の上下運動が平らかになる。それでも、劇場のこけら落としみたいで大いに満足だった。

何日かして、小さな課外活動の責任者だった私は、顧問の先生と簡単な打ち合わせをした。国語が専門なのだが、担任を持たない遊軍的な立場の人で、ふだんはなんとなく時間をもてあましているように見えた。実際に暇だったのかもしれない。こちらの顔を見るなり、このあいだブラームスを持ってきたんだってな、音楽のAさんから聞いたよ、まさかクラシックを持ってくる子がいるとは思わなかったって、おまえはブラームスが好きなのか。いま思えば、この質問はちょうど来日していたフランソワーズ・サガンの小説に引っかけたものだったのかもしれない。

はい、と私は正直に応えた。とくに好きなのは、なんだ。交響曲です。何番?

第一番です。指揮は？　ベームです、ベルリン・フィルの。お、ウィーン・フィルじゃなくて、ベルリンのほうかあ。先生は嬉しそうに言って、じゃあ、ミュンシュとパリ管を聴いたか、とさらに問うた。面接試験のようだった。首を振ると、そうか、じゃあ貸してやろう、ミュンシュはいいぞお、これを聴かずしてなにを聴くという絶後の名演だ、と唾を飛ばした。

学校の先生に私物を借りたことなどなかったから半信半疑だったのだが、次の会合のとき、先生は本当にミュンシュを持ってきてくれた。録音風景がジャケットを飾っているそのEMIのLPを大切に抱えて帰ると、自室に直行し、雨戸を閉めて窓を閉じ、カーテンも引いて真っ暗にしてからデスクライトだけをつけ、買って間もない装置で鳴らした。しかも大音量で。可能な範囲内での最大音量でというのが、貸し主のアドバイスだったのだ。

第一楽章のティンパニから、果たして世評通りの熱気が襲いかかってきた。その後愛聴盤になったチェリビダッケとは異質な汗が飛んでくる。激しいけれど、肉食系ではない。激しさがひとつづきに伝わらず、どこかでいったん途切れてまたひとつになる。ステレオ録音なのにモノラルの音が左右から飛び出し、ふたりの指揮者が同時に棒を振って、二種類の演奏が重なるような厚みだった。第一楽章を追いはじめてまもなく、私は小さな声をあげていた。これか。これだったのか。

悪の世界から送り込まれてきた主人公が、人間のやさしさに触れて改心し、自分の正体をひた隠しにして古巣と闘う、永井豪原作のテレビアニメ『デビルマン』の放映を、私は愉しみにしていた。最終回、デビルマンは想いを寄せていた女の子の前で、どうしても姿を変えなければならなくなる。その苦悶の数刻に流れる音楽が、ブラームスの《交響曲第一番》の出だしであったということに気づいたのだ。ベームを聴いても働かなかった回路が、ミュンシュによって開かれたのである。

演奏はすばらしかった。しかし、どうして先生に悪魔の話などできるだろう。ずっとあとになって、シャルル・ミュンシュは、十九世紀末、普仏戦争後のアルザスに生まれたドイツ人で、ヴェルサイユ条約によってこの地方がフランスに返還されたため国籍が変わり、名前の綴りからウムラウトが消えたという歴史的事実を知った。ある意味で、彼もまたデビルマンのような良き転向者のひとりだったのだ。演奏のなかにふたりの指揮者の存在を感じたのは、そのせいだったのかもしれない。

ラの音

このクラスとは関わりがないけれど、去年いらした国語と音楽を担当されてるI先生、彼は有名な詩人でね、先日また詩集を出されて、さっき職員室でぼくも一冊いただいたんだよ、『ラの音』ってタイトルの、小さくてきれいな本だ、今度、見せてあげよう。

秋の午後、数学の先生が授業前にそんな話をしてくれた。周囲がどんな反応をしたのかはもう覚えていない。詩人と呼ばれるような神々しい種族がこんな片田舎の中学校で教師をしているのかと、私は素直に驚いた。『ラの音』。飾り気がなくて、耳に心地よいタイトルだ。どんな内容なのか、ぜひ読んでみたい。数学の先生は、しかし約束を守らなかった。詩集の話題はその後、一度も出なかった。I先生は本当に詩人なのか、そして『ラの音』なる本は実在するのかといぶかしく思いはじめたのだが、見せてくださいと頼む勇気もなかった。

詩人や詩集とは無縁のまま、平らかに過ごしていたある日の朝礼で、担任の先生が言った。このたび、県の教育委員会のお歴々が、わが校へ視察にくることになった、ついては、正規の授業のほかに、なにか学年全体でこれという試みを披露し、高評価につなげたい、どうか我が校の面目が保てるよう協力してほしい、そこでだ、みんなには合唱に挑戦してもらう、ヘンデルの《ハレルヤ・コーラス》を、日本語で。準備期間は、一ヵ月だ。最後だけ、なぜか命令口調になっていた。指示に従って私たちはクラスごとにまずパート練習をこなし、しかるのちに講堂での全体練習に入った。

指揮棒を手にしていたのは、I先生だった。秀でた額から顎の先まで瓜のようにすぼまっていく顔に大きな眼鏡をかけた、品のよい大学教授を思わせる風貌で、右上がりの口元と立派な耳朶がとても柔和な印象をもたらしたのだが、背筋をすっと伸ばして指揮台に立った瞬間、そのやわらかい空気が消えて、先生はひとりの野武士に、もしくは孤独な兵士になっていた。そこには、正しく愉快なことばかり経験してきたのではない人の、消去できない暗い心の根があるように感じられた。

曲の成り立ちと練習の流れをわかりやすく説明してから、それでは、まず、通しでやってみましょうとI先生は一同を見わたし、舞台の隅のピアノの前にいる女子生徒に向かって、やや高めながら落ち着きと艶のある声で言った。

「ラの音をください」

指導はみごとなものだった。やる気のない羊たちの鳴き声を隙なくまとめあげて、本番当日、先生は視察団の面々を気持ちよく追い払った。ただし、私の耳に残ったのは、宗教心とは関係なしに繰り返されたハレルヤの響きではなく、ラの音をくださいという第一声のほうである。そのひと言で、先生はやはり詩人なのだと確信したのだ。

それから二十数年が過ぎて、私が小さな本を出したとき、突然、一冊の詩集が手もとに送られてきた。I先生の作品のアンソロジーだった。編者はご子息で、彼もまた詩人である。拙著に対する丁寧な感想に、あなたの経歴からして、父とご縁があるかもしれませんとの手紙が添えられていた。私はすぐに『ラの音』の詩篇を探して、ゆっくり読みはじめた。

赤ん坊の産声は、みなラの音だという。世界中の赤ん坊がおなじ音で呼吸をはじめるのに、「合奏もできないほど／ずれた音程になって」いくことの不思議。表題作は、あの時のI先生の艶やかな、しかし今度はじつにやさしく、心に染み入るような声でこう結ばれていた。

わたしだって
くずれた音程をもてあまし
もう赤ちゃんなんかいないはずの
妻の腹に耳をあてるのさ
かみさまの
ラの音がききたくて

小川への微妙な感謝

グレーの上品な背広に、なんと表現していいのかわからない、赤と黒のデカルコマニーのような細身のネクタイ。広々とした額の下からこちらを見ている両の眼の真ん中に、フラッシュを浴びてできたらしい白い小さな点が宿っている。いまの私なら、やや大きめの地方大学で体育学か運動生理学を教えている、アーチェリーの元欧州選手権銀メダリストに喩えたりするだろう。知性と身体能力が完璧に結びついた、すぐれてギリシア的な均衡がそこには認められるからだ。しかし少年の日に抱いたのは、『スタートレック』のカーク船長を少し太らせるとこんな感じかなという、じつに馬鹿げた思いだった。

無重力空間で声を届かせてしまうくらい肺活量のありそうな胸をしたこの人と、どのくらい向き合っていただろう。郷里の小さなアーケード商店街にあった八畳ほどしかないレコード店の、通りに面したガラス窓の向こうに、彼はずいぶん前から居座っていた。どんな町にもひとつはあったごくふつうの店で、作り付けの棚にはまだ現役だった8トラックと通常の音楽カセットがきれいにならべられ、その下にLPとEPの棚があり、再生装置が置かれているレジの横に、五十過ぎくらいの、髪が薄く顎のとがった栗鼠のような店主が立っていた。入荷したばかりのレコードを袋から取り出して光に当て、傷がないかどうかチェックするふりをしながら、客より先にひいきの歌手の声を聴く。スピーカーのひとつが、宣伝をかねて開け放しの入口わきに置かれていたので、店主の好みは外に筒抜けだった。

ガラス窓の内側には幾人かの男性歌手のポスターが貼られていて、不思議ないかがわしさと場末の匂いが漂っていた。なかなか入りづらい雰囲気である。ただしその配列には、ひとつの規則性があった。藤山一郎、北島三郎、野口五郎。面出しの特権を得ている歌い手の名前には、奇数が含まれていたのである。この発見を友だちに吹聴してまわったら、野口五郎の右隣に渥美二郎の渋い顔が張り出されるという事件が起きて私はたちまち面目を失ったのだが、そうなるとまた、あのカーク船長の存在理由が気になりだした。日本人歌手で構成された数字男たちのなかに異国の人間を配するのは、よほどの事情があるにちがいない。いつかその理由を確かめてみたいと思ったのだ。

そんなとき、運よく、いや運悪く、不注意でレコードプレーヤーの針を折ってしまった。すぐにあの店にあった著名なレコード針の、特徴のある斜体のロゴを冠した立派なアクリルケースが目に浮かんだ。目的があれば、へんに緊張しなくてすむ。親に事情を話して資金を得ると、さっそく替え針の型番を控えて出かけて行った。ところがアクリルケースにたどり着くより先に、ガラス窓から見える例の数字男たちにまじって異彩を放っていた立派な異人のジャケットの前で、足が止まってしまったのである。歌手の名は、帯に記されていた。ディートリッヒ・フィッシャー＝ディースカウ。じっと眺めていると、店主が予想外にやさしい口調で、聴いてみるかね、と声をかけてくれた。私は素直にうなずいた。

店主はA面の頭からではなく、数曲目の溝に針を落とした。石英の冷たい固さともろさ。さらりとした液体の張力。驚くべき透明度と官能的な擦過音。もちろん、そんな言葉を当時の私が持ち合わせていたわけではない。一郎にも二郎にも三郎にも五郎にもない未聞の声に、ただ感じ入るだけだった。曲名は《小川への感謝》。針を買うはずのお金で、私はそのレコードを買った。家に帰ってターンテーブルに載せるまで、針がなくては再生できないということに、まったく気づかなかった。

宇宙暦1951

やや太めのカーク船長ことディートリッヒ・フィッシャー＝ディースカウは、時を超えて歌の精髄を運んでくる頼もしい男だった。外科医のメスのように皮膚を貫くさまがドイツ語を解さない者にもわかるような発声と、手術痕を残さない自然な治癒力のある言葉の響き。押し出しの強さと繊細さを共存させるのは至難のわざだが、ＤＦＤとも略されるこの不世出のバリトン歌手の声は、短い曲であっても、長篇の一部として先に伸びていく感覚を残しながら確実に終わるという、ありえない余韻を残す。ステージの後ろで背中を見ながら聴いていても、届く声量が変わらないのではないかと想像させるような、全方位に向いた声の柱がそこにはあった。

むろんこれは、その後ながい時間をかけて、国内盤だけでもかなりの数が出ていた彼のレコードを、少しずつ聴きながら重ねてできあがったイメージである。ひとつひとつの曲についてはより好ましい歌い手がいたし、彼の仕事に完璧さと不可分の息苦しさが感じられなかったわけではない。しかし歌全体に対する背筋の伸びや声の根の張り方は、他に見られないものだった。一郎や二郎や三郎や五郎とは住んでいる世界がちがう。小さなレコード店で破格の扱いを受けていたのは当然だったのだ。

あの日に買った《美しき水車小屋の娘》のＬＰは、再生装置を替えてからも繰り返し聴いた。そして音量や音質調整の基準を、女性の声ではなく男性の声に、つまりＤＦＤの声に任せることになった。特別な操作をするわけではない。机に向かってなにか読んだり書いたりしているとき、ちょうど気持ちのいい音になるようトーンコントロールのつまみを動かし、曲のあいだで下から上に駆けあがる、そのいちばん上の音が割れない程度にボリュームを設定するだけである。不思議なことに、歌曲のエンタープライズ号を率いる船長の声で調整すると、それが人の声を正しく響かせる曲であるかぎり、男女を問わずまっとうに聞こえるのだ。

先のエンジェル盤は一九六一年の録音で、伴奏はジェラルド・ムーアである。ＤＦＤはその三年前にイェルク・デームスと組んだ録音を残しているのだが、伴奏者としてすでに名のあったムーアとはじめての録音をおこなったのは一九五一年、二十五歳のときだった。ムーアは一八九九年生まれだから、ほぼ倍の年齢だったことになる。ロンドンの録音スタジオに夫人同伴であらわれた巨漢の若者についてムーアは、その自伝のなかで、「体格も、精神的にも音楽的にも、あらゆる面で大物であった」と記している。「控え目に振舞っても」シャリアピンのように堂々とし、同時に、自身の使命と責任を自覚しているがゆえの謙虚さを身につけていた。「彼がほんの一節を歌っただけで、私は自分が巨匠の前にいることを感じた」。

ながいあいだ、私はこの一九五一年の録音を聴く機会を持たなかった。二〇一二年にフィッシャー＝ディースカウが亡くなったときも、追悼としてターンテーブルに載せたのは最初に買ったLPだった。ところが、没後に出たいくつかのCDのうちの一枚でムーアとの最初の録音に触れ、しばし言葉を失った。二十五歳の声のなんと渋く重厚なことか。むしろ六一年盤のほうが若々しい。似非カーク船長は、やはりワープ航法を用いて、音楽の宇宙暦を入れ替えていたのである。

控えめな矜持

伴奏という仕事を独奏者と対等の位置に引きあげたジェラルド・ムーアは、一九六七年二月、六十八歳で現役を引退した。舞台の一線を退く年齢としてそれが若いか若くないか、心身の状態もあるだろうから当人以外の者が判断することはできないけれど、個人的な印象を言えば、やはりいささか早すぎた気がしないでもない。

ムーアが本格的に伴奏をはじめた一九二〇年代には、独奏者と伴奏者のあいだにあきらかな身分差があった。彼の経歴の初期、第二次世界大戦前の何年かのあいだ行動をともにし、戦後のめざましい活躍の基礎を作ってくれたのはテナー歌手ジョン・コーツで、ムーアは自伝のなかでも一章を割いて感謝の意を記しているのだが、新人伴奏者の技術と地位をより高みに引きあげた要因としてもうひとつ、レコード録音の進歩があった。

スタジオでのレコード録音は、演奏会場のように客席の位置や観客の数によって音が左右される心配もないし、ピアノの音もマイクで鮮明に拾ってもらえる。やり直しも、不出来と判断されたテイクの編集も可能だ。だからこそ逆に、最初から最後まで流れと拍を失わず、後付けの操作が不要な、高いレベルの演奏を継続しうる弾き手が重宝されたのである。

私を声楽の世界に導いてくれたのは、まちがいなくこのムーアという名前だった。気になるジャケットをのぞくたびに、伴奏者として彼の名が刻まれていて、いつのまにかそれがひとつの指標になっていったのだ。ビクトリア・デ・ロス・アンヘレスもエリーザベト・シュヴァルツコップも、ムーアを介してやってきた。そこには、海外文学を翻訳者の名前で選ぶようになったときの喜びとおなじ心理が働いていたのかもしれない。フィッシャー＝ディースカウはその後、ブレンデル、ポリーニ、シフと録音を残していて、それぞれに捨てがたい魅力はあるのだけれど、手が伸びるのは、いつもムーアとの組み合わせである。芸術の上では対等の立場を確立したと言いながら、ムーアはいつも隣から湧き出る音に身を委ね、その日の出来に合わせて呼吸を変える。独奏者として傑出したピアニストたちになくてムーアにあるのは、控えめな矜恃とでも言うべきものだ。

ムーアによれば、「よい伴奏者は移調の名人でなければならない」という。声楽家はしばしば、半音上げたり下げたりしてほしいと頼んでくる。しかもそれがステージにのぼる直前だったりする。調弦可能な楽器とちがって、身体の微妙な変調は現場ですぐに修正することができない。頼りになるのは、伴奏者だけだ。作曲家の特徴や個々の曲について入念な研究と準備がなされたうえで、なおこのような修羅場をくぐってきた耳と指先があれば、独唱者の能力の高さに応じてより精緻な反応を示しうるだろう。相手を立てるだけではない形で厳しく仕事に向き合い、結果として他者への気遣いに満ちた音を生み出す。それがムーアだった。

一九六七年の引退コンサートには、交流の深かったロス・アンヘレス、シュヴァルツコップ、フィッシャー＝ディースカウが登場し、ムーアのピアノで心のこもった歌声を聴かせた。その舞台の終わりに、別れの挨拶として、ムーアは生涯でただ一度の独奏を披露している。ピアノ用にみずからアレンジした、シューベルトの《音楽に寄せて》。手元のＣＤの表記ではわずか一分三十五秒の小曲だ。しかしここには、彼の音楽家としての精髄がある。角がまったくない、すべてを包み込むやさしい情熱に満ちた音。できることなら、いつか自分の言葉をこういう音に近づけてみたいと、私はひそかに夢見ている。

偽りの組曲

映画のなかの音楽は、ひとつひとつタイトルを付されて、場面に溶け込んでいる。作曲家は未完の映像を観ながら、流れを壊さず、かつ調和のとれた複数の楽曲を用意しなければならない。九十分ほどにまとめられた世界に奉仕することで自分の色を打ち出すわけだが、つねにオリジナルな作品をもって二次元に向き合うのではなく、既製の楽曲、とくにクラシック音楽をたくみに利用して効果をあげている事例も少なくない。

クラシック音楽に親しみはじめた頃は、映画のなかで耳になじんだ一節が聞こえてくると素直に嬉しかったし、知らない曲が気に入れば、時間をかけて調べるのを楽しみにしていた。映画評にはよく作中音楽としてのクラシックへの言及があって、そのものずばりの『未完成交響楽』から『愛情物語』で変奏されるショパンの《ノクターン》、ストコフスキー本人が出演して話題になった『オーケストラの少女』の《ラ・トラヴィアータ》や《ローエングリン》、そしてチャイコフスキーの《交響曲第五番》にいたるまで、とくに過去の名作については教科書のような紹介がなされていた。もっとも、実際の映画にはなかなかお目にかかれなかったので不満も募り、まれにテレビで放映されたりすると、未完成がようやく完成に近づいた気がしたものだ。

しかし、こういう曲が使われているとわかっていて映画を観るのはどうも味気ない。本来は筋書きや演出と一体化するはずの音楽が、未知の断片としてスクリーンから引きはがされ、暗闇のなかにただようさまを追うほうにまず喜びがあって、しかるのちに誰のなんという曲なのかを確かめるのだ。極端な場合、エンドクレジットのために全篇を見直すこともあった。映画への愛を前提にしてではあれ、耳の調べものの魅力に取り憑かれた人が、おそらくサウンドトラック盤の蒐集家になっていくのだろう。ただ、クラシック音楽についても映画についても、ようやく小さな扉が開かれたばかりの田舎の少年にとっては、ごく基本的な固有名詞がひとつ蓄積されるだけでも大きな出来事だった。どんな分野でも、学びはその入口にいるときがいちばんのん気で、怖れを知らずにすむのだ。

中学を卒業した直後の春休み、友だちとふたりで、電車に乗って大きな街へ映画を観に出かけた。上映時間を勘ちがいして目当ての作品が観られず、近隣の映画館のプログラムから適当に一本を選んで埋め合わせしたのだが、なんの予備知識もなかったその映画は、内容はともかく音楽で私を魅了した。館内に灯りがついたあと、聞かれもしないのに、ヴィヴァルディが使われていたね、などとえらそうに口走っていたほどだ。《リュート協奏曲ニ長調》。その第二楽章のテーマが繰り返し変奏されていたので、合間に挿入された、控えめながら勢いのある、明るく軽快な弦の音も、てっきりこの作曲家のものだと思い込んでしまったのである。

パリで出会った十代の男女が、ヴェネチアの運河にかかる橋をめざして旅に出る。途中で偶然親しくなった老人をまじえての、初々しいロードムーヴィーのあちこちで用いられるメロディは、黄褐色の石の都市を浮かせる澱んだ水と、まだ澱みに踏み込んでいない少年少女をあまく結ぶのに効果をあげていた。友人は、へえ、そうなんだと言ったきり、とくに関心を示してくれなかった。

数日後、映画雑誌を立ち読みして、その音楽が『イルカの日』とおなじ作曲者によるもので、ヴィヴァルディは重要なモチーフになっているけれど、それ以外はすべて組曲風に仕あげられた彼のオリジナル作品であることを教えられ、私は大いに恥じ入った。友だちに訂正もできなかった。サウンドトラックは、いまだに買っていない。

履行遅滞による損失はない

幕開け早々、ブラームスの《ピアノ三重奏曲第一番》がじっとりと画面にひろがる。赤と緑の系統にイーストマンカラーの色彩が感じられて、それが弦の湿り気とも通じ合い、異国の小さな映画館の空気と作品そのものの持つ雰囲気にも無理なく溶け込んでいた。霧のような不透明感と融点の低い金属に秘められた少し危険な響きが、ヴァイオリンにもチェロにも、さらに言えばピアノにもあった。一点の曇りもない、ノイズをきれいに除去したデジタル録音からは遠く離れた音だ。第二楽章の動きはしかし、ブラームスのトリオの演奏として好ましいものだった。映画が進むにつれ、音源は車載オーディオに装塡されたカセットテープであることがわかってくるのだが、この重い曲を移動にあわせて用いる着想にも魅力を感じた。

カセットテープの持ち主は、フランスの大きな地方都市で家庭教師のかたわらギターを教えている青年だ。広壮な屋敷に住むブルジョワの夫婦に、娘の音楽の先生として雇われた彼が、初顔合わせに出向く場面で使われるこのブラームス、そして、自宅に戻るまでの車中の、つま弾かれているのに跳びはねず沼に沈んでいくようなグラナドスの《スペイン舞曲集第二番》。事後がどう展開しようと、私は音楽によって、ミシェル・ドゥヴィルの『履行遅滞による損失』という奇妙なタイトルの映画を支持することに決めた。

主人公がギターの教師であることは、ルネ・ベレットの原作を読んでいたので、観る前から知っていた。一九八三年に刊行されたその『地上でも天のごとく』は、同年の推理小説大賞を受賞している。ただし、三年後の『地獄』で純文学のフェミナ賞を受賞していることからも明らかなとおり、ベレットの筆は自然にジャンルを跨いでいて、既製の枠にとらわれてはいない。描写も丁寧で、しかもスピード感がある。

主人公の住まいは、リヨンとおぼしき都市の、古い工場を改装なしで住居に転用した広大なロフトだ。デッドな響きが、ギターにふさわしい。愛用の楽器、譜面台、食卓、椅子、ベッド、大きな書棚、そしてごく汎用的なオーディオセット。装置の簡素さを、演奏家の指と耳が補う。おなじフランス産のサスペンス映画でも、音楽マニアの郵便配達夫の部屋にスイス製の高級なオープンリールデッキを中心とする高価なシステムを置いていた『ディーバ』とは、そこに差がある。

青年は、教え子の母親、つまり雇い主の妻との情事によって、予想外の運命に導かれるのだが、謎めいた隣家の女性や不意にあらわれた殺し屋との交流を支えるのが、ブラームス、グラナドス、そしてシューベルトの音楽なのだ。D593、780、959。曲の断片が、冒頭の澱みを保ちながら、わずかずつ濁りを解消していく。私は三人の音楽家の油膜の力に引かれて、久しぶりにサウンドトラックを買い求めた。LPレコードである。ライナーノートによって、ピアノを弾いていたのがジャン＝フランソワ・エッセールだと知り、なるほどと腑に落ちた。エッセールはスペインの太陽から熱を抜いたような、曇りのない少し冷えた音を出す人である。しかし、何度再生しても、映画館で聴いたときほどの感銘は受けなかった。否定的な結果ではない。映像と音がそれほどにも溶け合っていたということなのだろう。あの三位一体の音楽家たちと再会するには、映画をまた観るしかないのだ。それが悔しい気もするけれど、LPはまだ、ときどき取りだして聴いている。

酸味のある音

郷里の修道院が老朽化で取り壊されるかもしれないという物騒な話を耳にしたのは、いつだったろうか。一九三〇年に設立されたこのカトリック神言会の修道院には、十九世紀末にアメリカで製作されたパイプオルガンがあったのだが、私は一度も音を聴いたことがなかった。というのも、一九五九年の伊勢湾台風で屋根が破損し、雨水が入って故障したまま、ずっと放置されていたからである。噂は本当だった。しかし、ほどなくして、裏手の山の北側にある夢窓国師《むそうこくし》開祖の古刹とともに、この修道院を永く後世に遺そうという声があがりはじめた。中心になったのは市の青年会議所で、メンバーのひとりと家族が知り合いだったこともあって、計画の進みぐあいがあれこれ耳に入ってくるようになった。活動が本格化したのは一九七八年。なぜ正確に記憶しているかと言えば、この一年間だけ私は『レコード芸術』を定期購読していて、買えるはずもないバロックや宗教音楽の新譜案内を読んだり、日曜日の朝のFM放送でオルガン演奏を聴くたびに、なんとか本物の音に触れたいものだと夢見ていたからである。

修道院の敷地には立派な葡萄畑があり、地下のカーヴで醸造されたワインが一般にも販売されていた。下戸の私にその味を云々する力も語彙もないけれど、以前、神言会と関わりの深い大学を出たフランス文学の先達にお贈りするため、少しだけ見本をなめてみた折の印象では、白も赤も、少し辛口の、わりあい酸味の強い、えぐみがあるのにさっぱりした後味だった。保存の動きに合わせてのことだろう、それまで外部に閉ざされていた神聖な葡萄畑の一部が、毎年、期間限定で公開され、小さなお祭りが開かれるようになった。寄付金を募るのが大きな目的である。私も自転車に乗ってほのぼのとしたそのお祭りを見学に行き、いつか屋根が修理され、パイプオルガンが再生されることを願って、手作りのキャンディーを買った。

募金活動のもうひとつの大きな柱は、礼拝堂で開かれる音楽会だった。はじめて足を運んだのは、修道院のすぐ西隣りの高校に進学する直前の春の日曜日、何度目かの企画として催されたギター演奏会である。ギタリストには、テレビで馴染みがあった。礼拝堂の丸天井の下に来ると、その彫りの深い顔立ちはスペイン人宣教師かと見紛うほどで、ミサに転じても立派に通用しただろうと思われた。デッサンに使う手の模型よりも長い指を駆使して、彼は田舎の中学生でも楽しめる名曲――《禁じられた遊び》《アルハンブラの思い出》《亡き王女のためのパヴァーヌ》――を中心に、輪郭のはっきりした、変に飾り立てない清廉な音を聴かせてくれた。この演奏会のおかげで私はダウランドとジュリアーニが好きになって、クラシック・ギターのライヴ放送があるたびにチェックするようになった。以後、内外のさまざまなギタリストの音色を、電波を通じて耳に溜めていったのだが、あの日のような音には巡りあえていない。

パイプオルガンの修復が完了したのは、大学を出た年だった。著名な指揮者を迎えてのお披露目コンサートを愚かにも私は聴き逃し、夢見ていた音にようやく触れたのは、夏に帰省した折、偶然オルガニストの練習を漏れ聞いたときのことだ。まだ機構がこなれていないせいもあったからだろう、予想外に硬く、明るく、弾けるような音色だった。

その音の消え入り方を、先のギタリストの、デビュー四十五周年CDを聴きながら思い出していた。変わらぬ実直な味わいのなかに、熟しすぎることのない若さの酸味が少し混じっている。音の布教はまだ終わっていないようだ。もう一度、生で聴きたいと思った。

記憶の初級文法

書物をめぐる記憶は、時間と手間をかければ検証可能である。よほど特殊なものを除けば、国会図書館をはじめとする印刷物のアーカイヴを当たって現物を探し出し、読み返せばいいいからだ。かつてもいまも、これは変わらない。希少本のデジタル化が進んだ現在では、さらに便利になっている。他方、映像資料に関しては、レンタルビデオが普及するまで、一度観た映画の細部を確認するのはきわめて困難だった。

人並みに映画を観るようになった一九七〇年代半ばの田舎町の、生活圏内にある単館の上映プログラムといえば、『トラック野郎』や『男はつらいよ』のような人気作品の払い下げか、数年前に封切られたものの二本立て、あるいは「まんが祭り」と称するアニメがせいぜいで、数をこなすなら日替わりでテレビ放映を頼りにするほかなかった。

しかし、そのテレビがくせ者だったのだ。CM前後のつながりに若干の違和感を抱くことはあっても、放映時間にあわせて大胆な編集がなされていることなど知るよしもなかった。映画の尺に対する私の感覚は、まちがいなく、放送枠に収まるよう調整されたこのテレビ放映版によって養われてきたのである。たとえカットされたことがわかっていても、その部分を目にするのは不可能だったし、録画装置のない時代だから、編集された番組としての映画そのものが、一度見逃すと再放送を祈るしかない、一回性の出来事だった。かつてテレビで観た映画にレンタルビデオで再会できるようになってからは、あらたな発見の連続である。まず体感される上映時間が長い。記憶の片隅にすらない場面が次々にあらわれ、印象に残っていたシーンの前後がまったく異なっている。見直しながら、幾度茫然としたことだろう。

同様の事態が、クラシック音楽の領域でも生じた。FMで放送されるめぼしい演奏会はカセットテープに録音して楽しんでいたとはいえ、予算の都合もあるので、繰り返し聴いても飽きないと判断したもの以外は、上書きして消去していた。

ところが三十年近く経って、それら消してしまった演奏会のいくつかがCD化されたのである。音源として利用されている以上、価値ある演奏だったわけで、そこでもう音楽を味わう力を否定されたようなものだったが、懐かしさのあまり買って聴いてみると、こんな節回しだったのか、こんな色艶だったのかと驚くばかりで、あの頃カセットデッキのVUメータの針の動きを眺めながらなにを耳にしていたのだろうと、沈黙するしかなかった。

先日、仕事場を整理していたら、大量の語学教材カセットにまじって、むかし聴いていた録音テープがいくつか発見された。そのなかに、あの「青少年のためのコンサート」を開いてくれた篤実なピアニストによる、ブラームスの《ピアノ協奏曲第二番》の演奏会があった。一九八三年五月、ウィーン・コンツェルトハウスで開かれたものである。再生してみると、あまりに印象がちがう。アバドはこんな音を作る人だったのか。ところが、自分で記したメモによれば、指揮者はロリン・マゼールとなっている。後発の、アバド指揮のCDのせいで、両者を混同していたらしい。私の記憶の文法は、上書きされる前の、初級の段階ですでに不完全なものだったのである。

なくてもよいのに存在してしまった哀しみ

手もとに残っているLPレコードのなかに、大学生協で購入したものが何枚かある。私が進学と同時に上京したのは一九八二年、つまりCDの生産が開始された年で、華々しく広告に打たれている再生装置は高価だったし、ソフトも多くなかったから、新興メディアに脅かされつつもレコード店はまだどこも活気にあふれ、生協での中古レコード・フェアもかなりの人気を集めていた。けっして広くはない空間に置かれた箱の前から、何十分も動かない学生たちがいたものだ。

レコードの箱を漁る指の快楽はすでに知っていたけれど、好きなだけ買う楽しみとは、経済的な事情でついに無縁だった。円盤を選べば本を我慢しなければならない。本を手に取ってしまえば、円盤は遠くへ飛んでいってしまう。双方を扱う古書店に入るのはじつに危険なことだった。大学構内での中古レコード販売は、盲点だったと言ってもいい。授業と授業のあいまのぽっかりあいた時間に立ち寄ると、気が抜けているぶんだけ誘惑に打たれ弱くなり、この値段ならという譲歩と言い訳の幅がいつもより大きくなる。

　ある日、やはりフェアと名の付く新刊書の割引き企画で、ヴァージニア・ウルフの作品集を何冊か買った。割引とはいえ高価である。食費を確保するには、もう散財は許されない。先の中古レコード・フェアにぶつかったのは、その数日後のことだった。売り場近くの出入口に足を向けた瞬間、いちばん手前の面出しに使われているジャケットと顔があった。友人に借りて何度も聴いていた一枚だったから、遠目でもすぐに認識できた。モーツァルトとシュトラウスの《オーボエ協奏曲》がカップリングされている、ハインツ・ホリガーのフィリップス盤だ。前夜まで私はウルフの『ジェイコブの部屋』を読んでいて、理由はわからないけれど、そのあいだずっと、シュトラウスのほうの《オーボエ協奏曲》を聴きたいと思っていた。迷ったのち、財布のお金をすべてはたいて、私はそれを手に入れた。

　ウルフの『ジェイコブの部屋』が刊行されたのは、一九二二年。ジェイコブは二十六歳で小説空間から消えている。第一次世界大戦で戦死したと読みうる設定なのだが、全体に茫漠としていて、実際のところどうだったのか確定はできない。しかし物語の最後、空っぽの部屋とそこに吹き込む微風、かすかにふくらむカーテン、やなぎ細工の肘掛け椅子の軋み、窓の外から聞こえてくる貨物自動車やバスのエンジン音をつんざいて、ジェイコブの母の友人が、「ジェイコブ！ ジェイコブ！」と叫ぶ場面で、もし彼が戦で命を落としたのだとしたら、この叫び声のあとにひろがる沈黙は、「なくてもよいのに存在してしまった哀しみ」のようなものだと私は思った。そして、これとおなじ感触を、モーツァルトではなくシュトラウスの《オーボエ協奏曲》を聴いたときに抱いたことがあったのだ。

ホリガーのオーボエは透明で、明朗で、悲嘆とは無縁のように聞こえる。シュトラウスがこの曲を書いたのは一九四五年。ナチスとの関係を問われて、彼は「なくてもよいのに存在してしまった哀しみ」に浸っていた。私は下宿に戻って、早速LPを再生した。けれど、ウルフを読みながら頭のなかで響かせていたあのシュトラウスはもう聞こえてこなかった。

ランチを呼ぶ声

午のメニューは定番のランチのみで、サンドイッチもホットケーキもなかったから、彼女が発する言葉は「いらっしゃいませ」と「お待たせ致しました」と「ありがとうございました」のほかは、ほぼその「ランチ」のみだった。厨房の扉を半開きにし、隠れている恋人になにかを知らせでもするかのように、あえて第三者に話しかけているといった調子で、一人前ならワン・ランチ、二人前ならツー・ランチと腹式呼吸で声を出す。大通りから少し入った裏道にあるその店に、贅沢を承知で月に何度か足を運んでいたのは、注文時に発せられる彼女の声と発音とイントネーションに、抗しがたい魅力を感じていたからである。

主菜は脂分の多いポークソテーで、そこにキャベツの千切り、ポテトサラダ、トマトの輪切りが添えられ、小皿に低く薄く盛りつけた白米と、マグカップ半分ほどのコンソメスープが付いた。食後の珈琲を入れて五百円くらいだったろうか。正直に言えば、味はよろしくなかった。白米は水分が多すぎてびしゃびしゃしていたし、ソテーは既製のタレを使っていることがすぐにわかるような後味で、トマトは干からびているか中身が崩れて飛び出しているかのどちらかだった。おまけに、スープの具はミックスベジタブルである。

店の造りもずいぶん変わっていた。森永チョコボールの箱のくちばしのように飛び出している入口のドアを開けると、正面に四人掛けのテーブルがひとつ置かれたアルコーヴふうの空間がある。じつはその左側に細長い鰻の寝床がのびているのだが、はじめての客はそれだけの店なのかと面喰らってしまう。奥の空間には二人掛けのテーブルがいくつかあって、客の数に応じて自在に組み合わされた。

彼女はいつも、その境界線に立っていた。小柄で、痩せていて、一重の目と大きな口を結ぶ鼻がほんのわずか左に傾き、長く伸ばした硬そうな髪がうまくまとまらず、ところどころ突っ立って針金になっている。給仕をしていないときは両脚を肩の幅に開き、うつむき加減に紺地のエプロンの前で手を合わせていた。愛想と呼びうるものは見当たらない。どこか暗い雰囲気である。ほかに従業員はいなかった。店の規模からして、おそらく厨房に入っているマスターの奥さんなのだろうと、私は勝手に想像していた。

　しかしその声のなんと魅力的だったことか。女性としてはやや低めの、適度に艶があって適度にくぐもった、全体としてはなぜか弾力のあるその声で彼女が注文を発すると、語尾だけでなく周囲の空気までもが未聞の鼻母音に包まれた。耳の記憶を正確に文字に転写するなら、ワン・ランチは「ウワン・ルワン・ツイ」、ツー・ランチは「トゥ・ルワン・ティ」となる。奇妙なことに、三人前、四人前の応用型はなく、前者は「ルワン・ツイ・ミッツ」、後者は「ルワン・ツイ・ヨッツ」と数が日本語で表現された。「ツイ」と「ティ」が区別される謎はついに解明できなかったが、鼻母音がふたつ重なる「ウワン・ルワン・ツイ」の響きには陶然となったものだ。

　音楽がかかっていなかったので、客の話し声がよく響いた。近くの商社に常連客がいるらしく、ごくまれに彼らと交わされる会話には北国のものと思われるなまりがまじっていた。言葉と言葉のあいだが微妙に詰まるのだがけっして窮屈にはならず、音も意味もやわらかく外に揉み出されてくる。忙しくなると盆に数人分のランチを載せ、ケルビーノさながらの機敏さでしなやかに動きまわった。月に一、二度聞くだけの彼女の声の、「ウワン・ルワン・ツイ」の残響が、フレデリカ・フォン・シュターデの歌唱に似ていると気づいたのは、通いはじめて三年目に、その店が閉じたあとのことだった。

唸り声のある風景

ヘッドホンを通さないとわからなかった唸り声が、昼間でもちゃんと聞こえてくるんだよ、ただ、あんまり聞こえすぎるとやっぱりなくてもいいような気もしてくるけどね、と友人は微笑んだ。再生装置を総入れ替えしたのだという。経済力と居住空間に余裕のある、恵まれた学生にしか得られない贅沢を、へんにもったいぶらず心から嬉しそうに話してくれるので、こちらも喜んで聞き役にまわった。いちばん変わったのはフォノイコライザーで、これまで使っていたMCカートリッジが見ちがえるように鳴る、細部がことごとく鮮明なんだ、手持ちのレコードを聴き直してみたら、あれとあれとあれには唸り声が、これとこれとこれには鼻唄の入っていることがあらためて確認できた。

何百枚もLPを所有しているクラシック音楽通で、CDの音に否定的な彼の耳を私は信頼していたのだけれど、唸り声が聞こえる聞こえないの問題が演奏そのものの良し悪しとどう関係してくるのかについては意見の述べようがなかった。狭い下宿用にとある人から払い下げてもらった中古のプレーヤーでは、おなじレコードを再生しても、あやまって録音された技師のつぶやきの、断片のようにしか聞こえなかったからだ。

ひと息ついたところで、私が言った。唸り声といえば、昨日の放送、聴いたかい？　いや、と口元に笑みをたたえたまま彼は応えて、次の瞬間、表情を変えた。唸り声の専門家たらんとしていた彼の自負は、大学の教室の窓の外から見える銀杏の葉よりもむなしく散ったように見えた。大切な約束が頭から抜け落ちてしまうことは、しばしばある。その放送は、彼が教えてくれたものだったのだ。どうだった？　彼は身を乗り出した。よかったよ、それに、唸ってた。そうかあ、と彼は深く溜息をついた。やっぱり、唸ってたか。

前夜、FM番組でシュトゥットガルト放送交響楽団の特集が組まれていた。演目は、ハイドンとブラームスの交響曲である。いつの録音かは判然としないけれど、前半の《第九五番》の指揮はガリー・ベルティーニだった。私たちの目当ては後半に演奏されたブラームスの《第四番》で、指揮はセルジュ・チェリビダッケ。一九七〇年代半ばからFM放送に親しんでいる世代は、みなザルツブルク音楽祭の放送でチェリビダッケの指揮に触れてきたことだろう。レコード録音を好ましく思っていなかったマエストロの仕事を知る手立ては、海外の放送局によるライヴ音源しかなかったのだ。

ブラームスはまことに濃厚だった。ハイドンを演奏していたのと本当におなじオーケストラなのかと疑いたくなるほどの脂っぽさなのに、やがて薄く引きのばされて透明の層になり、それが幾重にも塗られて分厚くなる。澄んでいながら抵抗感もあって、力を入れることと音を粗く扱うことのちがいが理解できる。そして第四楽章の終わりに差しかかったとき、なんとも言えない唸り声が大音量のヘッドホンのなかから聞こえてきたのだった。

友人と話した翌日か翌々日、巨額の収賄事件で逮捕された元首相の裁判が結審した。だからチェリビダッケの芸術的な唸りは、いまでも時折、「よっしゃ、よっしゃ」としわがれた声で聞こえてきたりするのである。

岩塩の音

先輩にもらった週刊誌「ル・ヌーヴェル・オプセルヴァトゥール」のバックナンバーが案外面白かったので、大きく背伸びをして年間購読を申し込んだ。大学の秋学期がはじまっていたから、たぶん十月頃だったろう。ほどなく送られてきた最新号を開いてみると、カラヤンに関する記事が目にとまった。ザビーネ・マイヤーという若い女性クラリネット奏者を団員として迎えるか否かでカラヤンとベルリン・フィルの面々が対立し、ついに決別という事態にまで発展していたことはその前から知っていたのだが、誌面には、一連の騒動の最終章として、ザルツブルク音楽祭におけるバッハ《ロ短調ミサ》の演奏の模様が、やや悪意の混じった戯画的な調子で紹介されていた。

現物が残っていないので、他の思い出と同様、何度か人に語って肉付けしてきた

「お話」として曖昧に再現するほかないのだが、要するに彼の《ロ短調ミサ》の指揮は、あまりよい出来映えではなかったというのである。もともとイタリアのオペラを好むカラヤンに、バッハの深みや人の声を飲み込んで天上へ運んでいく動的な音のうねりを引き出すのは無理な話だ、と記者は書いていた。ベルリン・フィルの音の粒だちと魔術的な響きがなかったら、救いようがなかっただろう。しかも足を悪くしていたカラヤンは、指揮台の手すりにもたれて棒を振っていた。部下の支持を失って完全に孤立していた巨匠の、年輪を加えてまるでピカソの顔のようになった神々しい右手は、それでも団員たちに音楽を分け与えようとしていた。聴衆はバッハを聴くのではなく、その手が動くさまをただじっと観察し、終了後、十数分におよぶ熱狂的な拍手を送った。それに応えて舞台に出てきたカラヤンは、二度、三度とつまずいていた……。

ピカソの名はたしかに出ていたはずだが、前後の文脈は、もしかすると粉飾を重ねた末の妄想かもしれない。その夏のFM放送で、前年度のザルツブルク音楽祭におけるブラームスの交響曲の、色艶はもとより緩急自在、もしくは急緩自在の音の運びを堪能していたから、いまになって楽団員たちと意思の疎通ができなくなっていると聞かされても、なんだか狐につままれたような気分だった。

じつはその雑誌が出た頃、カラヤンはベルリン・フィルを率いて来日することになっていた。公演のチケットはもちろん手に入らず、空きがあったとしても資金はなかったのだが、そこに思いがけない報せが飛び込んできた。大阪からはじまった公演の前だったか途中だったか、それとも終了後だったか、ベルリン・フィルの主要メンバーであるヴェストファール弦楽四重奏団にもうひとり加えた五重奏団が、大学の講堂で無料のコンサートを開くというのである。ガストン・バシュラールの翻訳者でもある哲学の先生が、個人的なつてをたどって実現にこぎつけたという噂もあったけれど、ことの経緯は詳らかではない。

プログラムはハイドンとブラームス。後者は《作品一一一》だったろうか。アンコールではモーツァルトの短調のセレナーデが演奏された。適度にリラックスしていた講堂の空気は、奏者たちの視線が交錯し、短い沈黙を置いて息がひとつになった瞬間、みごとに消えた。舞台から客席へと海の水が迫り、目の前で弦の藻が滑らかに揺れた。それでいて、全体に必要な塩気は、海ではなくたしかにザルツブルクの岩塩から採られていた。ベルリン・フィルに戻ったら、指揮者はどんな塩加減で彼らを調理するのだろう。直前に食べた炭水化物たっぷりの昼食の悪しき影響と闘いながら、私は藻の動きにあわせてふっと意識を失い、一秒にも満たない夢のなかで、大指揮者のように何度もつまずいている自分を眺めていた。

蜘蛛の踊り

利用者登録をするとLPレコードも借りられる。そう教えられて、ある雨の朝、知らない町の図書館へ傘を差して出かけた。公共施設だからさぞ充実したコレクションがあるだろう、希少盤はなくても教育的配慮に基づいて集められた名曲・名盤の類は網羅しているはずだから、なにか持ち帰ることができるにちがいない。そんな期待は、ワンフロアしかないこぢんまりした閲覧室に入ったとたんついえ去った。レコードの棚は数列にすぎず、そこに演歌からクラシックまで幅広いジャンルの音源が整理されていたのだが、あちこちに空きがあってすかすかしている。棚の隅に、これらのレコードはある方から寄贈されたものですという小さな紙が貼られていた。

なるほど、言われてみれば個人の趣味嗜好を反映してか、レーベルや演奏家に偏りが見られる。たとえばハイフェッツ。薄いグレーの背広に黒のネクタイを締め、顔を少し右に傾けた伝記映画のスターのように端正なこの巨匠をジャケットにあしらった《ツィゴイネルワイゼン》が二枚ある。たしか一九七〇年代の末に出たRCAの廉価盤シリーズの一枚で、新譜扱いされていたとき幾度かレコード店で聴いていたのだが、なんとなく気恥ずかしくて買うまでには到らなかったものだ。サラサーテはA面の冒頭のみ、二曲目、三曲目はサン＝サーンスの《序奏とロンド・カプリチオーソ》に《ハバネラ》。B面はベートーヴェンの《ロマンス第一番》と《第二番》、最後にチャイコフスキーの《ゆううつなセレナーデ》が収められている。

ハイフェッツに手が伸びたのは、鈴木清順の『ツィゴイネルワイゼン』を名画座で観て、品のいい猫背でぼそぼそと話す藤田敏八と、妖艶な雌狸とも言うべき大谷直子のあいだを取り持つSP盤の、ざあざあと沈黙をやすりにかけるような音が忘れられなかったせいでもあるのだが、最後のクレジットまで暗闇に座っていても、それがハイフェッツの演奏なのかサラサーテの自演音源なのか、ついに確認できなかった。そもそも原盤の音を知らないのだから、確認できたところでどうなるわけでもなかったのだ。

右のＲＣＡ盤の、一九五一年のハイフェッツを館内の試聴装置で再生してみると、音の芯になっている太い針金が、ある瞬間、熱いこてを当てたはんだみたいに飛び散るという本質的な共通点を除いて、映画の音とはずいぶん異なる印象を受けた。結局、私はレコードも本も借りず、湿気と前の利用者の汗でねっとりしたヘッドホンの感触を土産に帰途についた。

それから何カ月か経って、尾崎一雄の「虫のいろいろ」を読んでいたら、サラサーテが出てきた。一九四八年に発表されたこの短篇の語り手は、病を得ていまだ療養中の身である。秋の午後、ラジオで「洋楽」を耳にし、それがむかし持っていた「ヴィクターの、ハイフェッツ演奏の赤の大盤」だと気づいて耳をそばだてる。すると部屋の隅から一匹の蜘蛛があらわれ、「長い足を一本一本ゆっくりと動かして、いくらか弾みのついた恰好で壁面を歩き廻り始めた」。音楽に合わせてというより、「何かこう、いらいらしたような、ギクシャクした足つき」で踊りに似た動きを見せ、曲が終わるとぴたりと止まって、「少してれた」様子で姿を消した。

この一節が、鈴木清順の映画よりも深く胸に残った。奇妙に明るい、そしてもの悲しい蜘蛛の踊りは、語り手の心象のみならず、初出年より前の名手の弓に連動していたのである。しかしこの条件に合致する音源は、なかなか見つからなかった。一九三七年の録音にようやく触れることができたのは、EMIがCDにしてくれたおかげである。私はそれを留学先の量販店で買い求め、壁も天井も白いペンキで塗られた部屋のベッドに寝転がって聴いた。どこを見渡しても、ハイフェッツに合わせて踊ってくれそうな蜘蛛の姿はなかった。

灯油とチェンバロ

チェンバロ演奏会のカセットテープを、ずいぶん長いあいだ所有していた。例によってFMの番組を記録したものである。放送があったのは年の瀬で、私は帰省中だった。北向きの寒い自室で古い石油ストーヴを焚きながら放送開始に備えていたのだが、あと一、二分というところで、燃料タンクが空に近くなっていることに気づいた。厳冬だった。めずらしく雪も降っていた。朱色の灯油のタンクは、吹きさらしの勝手口の外に置いてある。灯油の補給をしながらバロック音楽を聴くのもどうかと思って、私は判断を留保した。というのは二番目の言い訳で、要するに寒くて外に出たくなかったのである。

ところが、雑誌に記されていた演奏会データをカセットテープのレーベルに書き写しながら、スカルラッティだかテレマンだか、なんとなく朝のイメージを植え付けられてしまった曲を聴いているうち、徐々に身体が冷えてきた。熱を放っていた赤い円筒は色を失い、独特の臭いを発して、さっきまでの活動が嘘のように冷たい鉄の塊になっていた。星が死ぬときにはきっとこんな感じなのではないかと思えるほどの、暴力的な変化だった。

しかたがない。吹雪いている外に出て、私は取っ手の部分に灯油が染みついているタンクと麩菓子みたいな手押しポンプを運び込み、燃料補給に取りかかった。チェンバロと灯油ポンプのリズムは、合うようで合わない。一度にたっぷり吸いあげるのではなく、小刻みに動かしたくなってくる。吸いあげた分を、また戻したくもなる。そして、満タン近くまで入れてさっとポンプを引き抜いたとき、先に余っていた灯油がぴょんとはねてあちこちに飛び散り、厚紙のレーベルにもしみをつくった。天は見えないので天井を仰ぎ、うんざりしながらこぼれた灯油の処理をしてとりあえず火を入れ、タンクを片付けて部屋にもどると、洋画家のアトリエのような臭いが充満していた。どこか拭き忘れたところがあるらしい。急いで窓を開けたが、臭気は容易に消えなかった。

なんという曲が演奏されているのか、もうわからない。灯油の臭いのなかで、私はチェンバロ独奏を聴きつづけた。すると、油で音が溶かれたのか、それとも逆に練り方が変わったのか、しだいに音が変化してきたのである。空気の入れ換えも関係していたのだろう。さっきまでは、数珠つなぎになっているのに音と音のあいだに薄皮一枚の隙間があり、ばらばらと一音ずつばらけて鼓膜を打ついらだたしさがあったのに、いつのまにか珠と珠の結びが緊密になっている。にもかかわらず、音が混じり合わずにひとつずつ立っているのだった。板の上に転がっているように見える珠が、じつはしっかりくっつき、くっついているのにはじけるという不思議な現象が生じていたのである。

交響曲が油絵だとすればチェンバロの独奏は水彩画のようなものだという、根拠のない思い込みが私にはあった。しかし灯油に揉まれたチェンバロの筆触は、穏やかだが激しい力を隠していた。無理に引き剝がそうとすると、こちらがやられてしまうほど音が固く基底材に張り付いている。混色は存在しなかった。一色ずつの音のパレットだけがそこにはあった。マティエールなどという、音楽とは関係のない用語を想い浮かべたほどだ。私は灯油のしみたレーベルを捨てずに保存した。十数年後、そのカセットを取り出して見たら、異臭がまだかなり残っていて、本体にも移っていたので、しかたなく処分した。チェンバロ覚醒の音は、だから遠い冬の記憶のなかにしかない。

石鹼水とジークフリート

しんとしていた。しん、の部分に森という字をあてがいたいくらい空気も澄んでいた。よく晴れて空は高く、濃い緑の芝生のうえに建物の短い影が落ちている。大きなガラスのむこうにいつもうごめいている人の姿もない。ホールの入口を抜け、受付のカウンターをのぞくと、やはり空っぽである。曜日をまちがえたのだろうか。

そんなはずはない。入口の扉が開いているということは、中に人がいる証拠ではないか。二階にあがり、廊下の奥の図書室のほうに目をやると、古い雑誌のことでいつも相談に乗ってくれる司書の顔がちらりと見えた。ほっとして声をかけた私に、今日は施設整備と清掃をかねたお休みだよ、ぼくはたまたま来てるけどね、と教えてくれた。驚きはしたけれど、せっかくだから届いたばかりの本を少し見せてもらい、そのあと館内をぶらついてみた。

建物の内部はひんやりして気持ちがよかった。急な傾斜地にそびえるその語学学校は坂倉準三の設計で、神奈川県立近代美術館と同年に建てられたものだ。回廊と階段の手すりの美しさ、真っ白なペンキで塗られた壁に延びる光の帯と浮き上がってくる翳のバランス、幾度たどっても更新されていくような動線のすべてが好ましかった。正直な話、私は語学の勉強にではなく、その空間に身を置くために通っていたのだ。しかし授業や催しがあれば、人はたくさんいる。余計な音も響く。こんなふうに、どこかの教会に入り込んだのかと錯覚するほどの静けさを味わったのは、はじめての体験だった。

私は二階の、イベントホールの前の床に座って——というのは、ベンチがなかったからだが――、ぼんやり庭を眺めたり、文庫本を読んだりして時を過ごした。しばらくすると、青い作業着の清掃員があらわれた。バケツと雑巾を持っている。日本人ではない。挨拶をすると、ただ言葉を返してくれる。雑巾をバケツの水にひたし、水滴が垂れるくらいの力でゆるめにしぼって、壁を端から順に拭いていく。汚れの目立つところは円を描くように何度もこする。甘い石鹸水の匂いが流れてきた。いままで嗅いだことのない、はかなげな匂いだった。本国から取り寄せている備品なのだろう。

そうこうするうち、階下から人の気配が伝わってきた。機械音、話し声、ドリルの音、また話し声。急に騒がしくなり、ふたたび静かになった。音楽が聞こえる。おそるおそる階下に下りると、顔見知りの教師の姿が見えた。技術者を従えてホールの仕切り壁の一面にビデオプロジェクターを設置し、白壁に画像を映し出しながら微調整をほどこしているらしい。私がなぜここにいるのかを尋ねもしないで、彼は作業をつづけた。

靄にけぶる森の中をひとりの男が歌をうたいながらゆっくり歩いている。見ると、闇を切り裂いて輝くものがある。なんだろう、と男は思う。光はすぐに消えて闇が戻る。そこに大きな剣を手にしたべつの男がやってきて、俺の宝で巨人たちへの借りを返したんだなと歌う。字幕が出ていたのでわかった。《ジークフリート》の一場だ。ホリゾントの深い、夏の朝とまるでかけ離れた舞台劇のような世界に、私たちは完全に見入っていた。ワーグナーとはこういうものだったのか、と衝撃を受けた。演出は誰ですか。初級文法を使って私は教師に問うた。シェローだよ、バイロイトの映像だ、これはレーザー・ディスクさ、と彼は自慢げに付け加えた。パトリス・シェローの名を意識するようになったのは、そのときからである。

二〇一三年の秋にシェローが亡くなったとき、白壁の《ジークフリート》を思い出して、海外盤のDVDを買った。再生して驚いたのは、それがほぼ密室劇のようだったことだ。息詰まる感覚はそこから来ていたのか。森の緑も背後の闇も、記憶していたよりはるかに濃く、重かった。石鹸水のはかなさは、どこにもなかった。

腫れた耳朶で迎えた朝のこと

駅裏の細い路地にある小さなバーの、表面の剝げかけたカウンターの隅で、年齢の読めない短髪の小柄な女主人が背広姿のふたり連れのために果物ナイフで馬鈴薯の皮をむき、まな板を使わず手前に刃を引く西洋風のやり方でスライスして、それをベーコンといっしょにフライパンに投げ入れていくさまを目で追いながら、私は男の愚痴に耳を傾けていた。白い煙とオリーヴオイルの香りがひろがり、開け放した入口の扉から外に流れ出ていく。

店内には小音量でクラシックが流れていた。何度か聴いたことがあるのに曲名が思い出せない。音楽に気持ちを向けることができないほど、男は一方的に喋りつづけていた。それが三軒目だったからもう完全に酔っ払っていて、言葉が見つからないとこちらに半身を寄せ、なあ、わかるだろ、わかるよなと繰り返す。

勉強会と銘打つ、やや学究的な会合の帰りだった。発表したい人が発表し、聞きたい人が聞く。拘束なしの出入り自由な集まりで、私が関わりをもったのは先輩の代打としてやむをえず参加するはめになったからにすぎないのだが、隣でくだを巻いているのは、その日たまたま隣に座って、会の成り立ちや仕組みをあれこれ親切に教えてくれた男だった。気さくな兄貴分という雰囲気だったので、少し油断していたのかもしれない。

背広組が、酒ではなく珈琲を注文した。無言でうなずくと女主人はやかんを火にかけ、大きなネルドリップのヤグラを取り出したので、ついでに私の分も淹れてもらうことにした。飲みたかったからというより、それがお開きの合図になるのを狙ったのである。しかし男はいっこうに動じなかった。満足したらしい先客が帰ってからも所属先の悪口を言い募り、最後の最後、閉店を告げられたあとになって、ようやく私を誘った真の理由を打ち明けた。会に出ている女性に、どうしても話したいことがある、次回は休日の午前だから、そのあと三人で昼食という流れにしてほしい。なんだ、それだけのことか。拍子抜けした私は、昼の食事なら女性にも負担ではなかろうと承諾し、穏便に対処した。

翌月、自然なかたちで私は彼らと食事を共にし、打ち解けた会話を楽しんだのだが、男はなにも特別なことを口にしなかった。ところが、店を出ていっしょに最寄り駅に向かっている途中、いきなり、申し訳ないがここで彼女とふたりにしてくれないかと、相手にもはっきりわかる声で言ったのである。ほとんど命令に近い口調だった。あっけにとられているうちに、やはりあっけにとられている女性を、男は目の前の喫茶店に引き入れた。

その晩、真夜中過ぎに、彼女から電話があった。話を聞いて絶句した。あのあと、唐突に結婚を申し込まれたというのである。会ったのはわずか数回、親しく話したのは今日がはじめてなのに、わけがわからない。きっぱりと断って相手の無礼をとがめたものの、私があの場面でさらりと帰ったのは、事情を知っていたからではないか。そう思って話題に話題をつなぎ、やっとのことで電話番号を聞き出したのだと震える声で言う。最初に男と連絡先を交換していたのが幸いしたのである。

バーで頼まれたことを正直に打ち明けると、それから朝方まで、受話器を当てたこちらの耳が赤く腫れるほど長い時間、彼女は話しつづけた。内容はもう覚えていない。朦朧とした状態でおやすみを言い合って、眠れぬままラジオのスイッチを入れると、霧のかかったような、かすかに濡れたチェロが流れて、バーで耳にした旋律が溶け出してきた。その瞬間、曲名を思い出した。《ブラジル風バッハ第二番》。あれは、誰の演奏だったのだろう。ヴィラ＝ロボスのこの曲を聴くたびに、いまも耳朶が腫れあがってくるような気がする。あの夜から二十数年が経った。彼女にも男にも、以来一度も会っていない。

犀の前で泣いた女《ひと》

宇都宮線と高崎線が乗り入れる上野から一番近い駅のある町で、五年ほど暮らしたことがある。いちおう大学に通ってはいたけれど、古本屋をめぐる以外は、月に何度か上野まで動物を見に行くことだけが楽しみの日々だった。平日の午後、正門から入ってゆっくり園内を歩き、モノレールには乗らずに駐車場と駐車場を結ぶような淡泊な通路をたどって、西園の河馬やキリンや犀に挨拶をしてベンチに腰を下ろす。それが習慣になっていた。

ある冬のこと、年度の変わり目の、ひときわ暇な時期に、二週つづけて動物園に出かけた。二度目は曇り日でとても寒かったのだが、いつもの挨拶まわりをすませ、扉の近くで買ったばかりの板チョコをかじりながら温かい缶コーヒーを飲んでいたら、背後から不意に声を掛けられた。振り向くと、どういう生地なのかわからないけれど大きな襟の、鮮やかな黄色のコートを着た小柄な女性が立っていた。中肉という感じなのに顔だけがとても小さな齧歯目《げっしもく》のようで、真っ黒な瞳は草食動物のそれに似ている。手にはその捕食者であるかもしれない鰐の革の、濃い緑色のハンドバッグを提げていた。

失礼ですが、先週も、ここにいらっしゃいませんでしたか、と彼女は言う。声が少し震えている。動物園に革製品を持ってくる人を私はあまり信用しないのだが、とっさのことで正直に、そうですと応じた。驚かせてごめんなさい、このあいだ動物園で動物を見ずに本を読んでらっしゃる方を見て、ひどく印象に残っていたんです。動物たちと息があわないときは、あまりじっと見ないでよそごとをするようにしてるんですと、チョコが歯や口元についていないかどうか心配しながら私は応じた。曇天のもとでなおコートがまぶしく目に映える。周りにほとんど人はいなかった。じつは、お願いがあるんです。彼女はあいかわらず震える声でこちらをまっすぐに見た。演奏会のチケットを、もらっていただけませんか？　今晩、文化会館で行われる演奏会です、待ち合わせていた人が来そうになくて……必要がなくなったんです。

　もう少しお待ちになったらいかがですかと言ってはみたものの、すでに彼女は泣き出していた。約束の場所は、ここなんです、今日、会えなかったら、おしまいにすると決めていたんです、はじめてふたりで来たところなんです、このあいだもひとりにされて、そのときあなたがここにいらして、今日もまた、あなたがいらして。扉の前で鰐革のハンドバッグを開け、白いハンカチを取り出して目を押さえている彼女と狼狽気味の私は、年の離れた恋人に扮して修羅場を演じつつ、機密事項の入ったマイクロフィルムを手渡そうとしている旧東欧圏のスパイのようだった。彼女はすっとこちらに身を寄せ、チケットの入っているらしい封筒を差し出した。ただもらっていただければいいんです、いらなければ、あとでどこかに捨てるなりして下さい。

　陽が暮れはじめていた。泣いている女性をそのままにするわけにもいかないので、受け取るとも受け取らないとも言わず、なかば強引に駅まで送っていった。がらんとした園内にすすり泣きが響く。ひっひい、ぴっぴい、ぴい。音のする湊を彼女はハンカチで何度もかんだ。改札口でふたたび差し出された封筒を、私はためらったのちに受け取った。別れてから中を確かめると、チケットが二枚入っていた。演目は《トゥーランガリラ交響曲》だった。

こうして私は、レコードでしか知らなかったメシアンの大作を無料で聴く機会に恵まれたのである。ピアノは高橋アキ、オンド・マルトノは原田節。第一楽章のピアノの正確無比な連打につづく管楽器のひゅいひゅい鳴る風とオンド・マルトノの悲しげな声は、黄色いコートの女性の、甲高いすすり泣きにそっくりだった。

残せなかった孤影

学部生時代に四度体験した年末年始の楽しみは、夏に開かれるザルツブルク音楽祭のライヴ録音放送を聴くことだった。オーストリアの放送局が会場でどんな機材を用いて録音しているのか、演奏会資料にその種のデータは記されていないので、おそらくはドイツ系のメーカーの装置が使われているのだろうと想像するほかなかったのだが、現地でダビングしたテープを日本に持ってきて東京の放送局から送り出すとなれば、なにかが変化することは否めない。受信機の性能や電波の状態によっても音は別物になる。

ある年の暮れ、師走の中頃だったろうか、そのザルツブルク音楽祭の演目のひとつとして、クリスチャン・ツィメルマンの独奏会が放送された。ショパン中心のプログラムだった。変ロ短調のピアノ・ソナタには、おぼろげな抒情という言葉を不用意に使いたくなるような艶があって、澄み切った音の流れを美しいと感じながらも、それが胸にながく残らないことに不満を感じていた。歌いあげるのではなく、歌わずにつくりあげる型の抒情。ツィメルマンは別の日にカラヤンの指揮でショパンのピアノ・コンチェルトも弾いていたけれど、多対一のときにも彼の音の質には、押し出しにならない良さがあると感じられはしたので、もしかするとこの日の感想は、それ以前に聴いた演奏の記憶に影響されていたのかもしれない。

カセットテープに録音したツィメルマンを持って、翌日か、翌々日かに私は帰省し、実家のシステムで再生してみた。使い込んできたものだから、デッキのモーターの回転速度が微妙に遅い。高音の伸びと雑音の量にもかなりの差がある。冷たい艶に少しぬくみが加わり、歌わないはずの鍵盤も歌っているように聞こえる。私は面喰らった。演奏全体が、よいと感じられる方向に変化していたからだ。

数日後、今度はブレンデルの演奏会が放送され、シューベルトの《ピアノ・ソナタ第一五番》《同第一四番》《同第二一番》、そして《即興曲変ト長調》をたてつづけに聴くことができた。そのあいだ、しゅるしゅるというひどい雑音が頻繁に覆いかぶさり、鍵を叩くフェルトではなく、自分の指先に捲かれた絆創膏で音の角張りを着実に取り除いていくこのピアニストならではの、繊細な技を狂わせていた。とはいえ、劣悪な受信状況においても、私はブレンデルの演奏にじゅうぶん惹きつけられたのである。そこで、実家のシステムを彼の音を頼りに再調整していった。ある程度満足できた段階で、あらためてツィメルマンを鳴らしてみた。やはり、なにかが物足りない。音ではなく音楽として。波長がずれて、好みの針はふたたび彼ではないほうに振れた。

そのずれを確かなものにしたのは、しばらくのちに放送されたポリーニの演奏会だった。ただし、ザルツブルクではなくウィーンで開かれたものである。ツィメルルマン、ブレンデル、ポリーニ。三者の名は一体となって心に刻まれている。ポリーニの目玉は《ダヴィッド同盟舞曲》だったが、ショパンの《ピアノ・ソナタ第二番》も取りあげられた。機械的、無機質、技術優先。この弾き手にまとわりつく評の空しさを逆に虚しくする、強い気の塊と孤影がそこにはあった。音の丸みとも氷の透明さとも無縁の、滞ることも辞さない凄みは、東京の下宿の、もっと粗悪な再生装置を通してでも残りうる大切な核になるはずだ。私は興奮し、しかるのちに落胆した。録音するのを、すっかり忘れていたのである。

返事はなかった

書物としての辞書が大学の教室から消えて久しい。重い紙束を何冊も鞄に入れて通学するのは、とくに女性にはきびしいことも理解できるのだが、かつては少なくともコンサイス程度の辞書を携行し、ぼろぼろになるまで使いつぶしていたものだ。電子化された辞書には、それなりの利点がある。検索機能を使えば、調べたい語句まで短時間でたどり着くことができる。外国語の辞書には音声も収録されているので初学者ならずとも重宝するし、文字を拡大できるありがたみも、年を重ねるにつれて身に染みてくる。ただし、その文字の拡縮が問題を引き起こすこともある。画面のレイアウトがそのつど変わるために、どこになにが書かれていたのか、視覚の記憶が薄れてしまうのだ。

書物としての辞書の扱い方を覚えて、日常的に触れるようになった頃から、私は見開きの頁全体をひとつの風景と捉えていた。知らない単語の意味を調べる。忘れる。引き直す。また忘れる。三たび調べる。語義は覚えても、用例確認のためにおなじ頁を何度も開いているうち、目当ての単語が左右どちらの、どのあたりにあるのかが視覚に刷り込まれていく。手にしたときの重量バランスも身体感覚として残されるから、両者をあわせれば語句のあたりをつけるのがかなり楽になる。逆に、身体感覚である以上、微妙な狂いも生じる。ずれや誤差や思いちがいによる記憶の混乱は日常茶飯事だ。しかし、そこにはまた独特のスリルと喜びもあり、じつはこちらのほうがずっと大切ではないかとさえ思う。

いまも目で覚えているのは、学生時代に出版社のＰＲ誌で読んだ、岩城宏之の文章である。オーストラリアの音楽祭で、彼はメルボルン交響楽団を従えて、《春の祭典》を指揮していた。順調に進み、最後の〈いけにえの踊り〉の途中まで来たあたりで、事件が起きた。「自信を持ってトランペットにフォルティシモのサインを出した」のに、返事が返ってこない。「音楽はまるで変わった進行を始めた。要するにこちらだけが音楽の進行とは違う場所に行ってしまった」。彼は瞬時に振りまちがいに気づき、百人を超えるオーケストラの動きを止めた。そして客席に向かって、身体を震わせながら自身の失態を詫びた。

あいにくテレビ用に録画もされていたので、あとで編集して繫ぐために少し前から振り直したところ、なんと、おなじ箇所でおなじ現象が起きた。のちに判明するのだが、このとき、彼の視覚的記憶から、譜面の一部が抜け落ちていたのである。総譜を見ながら過去二十年間で五十回以上、暗譜に切り替えてからでも複数のオーケストラと経験を重ねて、絶対の自信を持っている曲だからこそ陥った罠だった。誌面には消えた部分の写真も掲げられていて、一読、私も背中に冷たい汗をかき、呼吸が苦しくなったことを覚えている。同時に、目で覚え、何度も勉強したからこその失敗と、それによってもたらされた人々の心のぬくもりの連結を、羨ましく思いもした。

指揮者が二度目の宇宙遊泳をはじめて、むなしく手足をばたつかせているあいだ、オーケストラの面々は事情を察してその動きを無視し、ミスを認めたあともなお溺れたままの愛すべき正直者が太い音の命綱につかまるのを待ちつづけた。目の記憶の欠落が、彼らの団結をさらに深めたのである。この一文は、のちに『楽譜の風景』としてまとめられた。印刷物の頁を風景として見る目は、ものごとを、そして、人を見る目にこそ活かされるのだ。

悔悟の色

黄色と黒の組み合わせは世に言う警告色で、遠く離れたところからでもたちまち目を引く。自然界にはこの配色を巧みに利用して、自分に近づくと危険であることを周囲に知らしめ、捕食者を遠ざける生きものがいる。毒針を持つ蜂が外貌に似たような色を選び取っているのは、二色の衣をまとった種族の毒性を効率よく告知するためでもあるらしい。道路標識や踏切のバーの作りが一様なのも、その応用だろう。

子どもの頃、蜜蜂に刺されてから、私は蜂のたぐいを怖れるようになり、黄色と黒の顔を持つ生きものを連鎖反応的に避けるようになった。いっときは在阪の野球チームの旗さえ拒んでいたほどである。警告色を介した危機意識の共有は、化かし合いを前提とした付き合いのようなもので、毒を持っていても実際には使わず、抑止力としてのみ用いる。それには想像力が必要になる。対象との架空の距離を保つためには、共有できない痛みを想像しなければならないからだ。

黒と黄色を前にした一瞬のためらいと怖れは、本質的ななにかにたやすく触れようとする私たちの足を止める。あるいは、想像のうちにしかない痛みを、想像のうちにしかないからこそ自分のものとして引き受ける覚悟がないかぎり、核心部分に触れることは許されないのだと教える。そんなふうにちょっと大袈裟な言い方をしないと、私のレコード棚になぜ他のレーベルに比してグラモフォンのＬＰが少ないのかを説明することができない。要するに、以上は自由に購入できなかった悔しさを紛らわすための、子どもじみたこじつけなのだ。

一九七〇年代半ばの地方のレコード店には、ちょうど新刊書店に背が黄ばんだ古い岩波文庫や岩波新書が残っていたように、モノクロ写真に黄色いタイトル枠を配する、両開きの重厚なジャケットのLPが静かに眠っていた。中古ではなく新譜扱いで買うことのできたレコードのなかで最も警戒すべきだったのは、廉価盤の二倍近い値段の、当時ポリドール・レコードが制作していたこの日本盤グラモフォンだった。

なにしろ遠目にもすぐわかるのだ。近づいてはならないとわかっていても、私は棚の前を蟹歩きで平行移動しながらそれとなく指を動かして、箱に収められたジャケットの黄色い帯を一枚ずつめくるように倒していった。買うのではなく、写真を鑑賞するためである。在庫数は限られていたし、いつ行っても売れ残っていたから、細部をいまだに記憶しているものも少なくない。MG-2006はカール・ベーム指揮／ベルリン・フィルによる、シューベルト《交響曲第七番》。MG-2007もおなじコンビで、モーツァルト《交響曲第四〇番／四一番》。MG-2130はアルゲリッチの《ショパン・リサイタル》、MG-2020はウィルヘルム・ケンプのベートーヴェン《三つのピアノ・ソナタ》、MG-2355はミケランジェリが弾くショパン《一〇のマズルカ／前奏曲／バラード第一番／スケルツォ第二番》。警告色をまともに受け入れて、私はついにこれらの中身を知らないまま十代を過ごした。黄色と黒が織りなす結界を踏み破ってその音楽にたどりついたのは、ジャケットの重みを無化したCD時代になってからのことだ。十年以上の時を経て耳にした憧れの演奏は、しかしてのひらに載る円盤の真っ平らな溝に隠れて真の毒を見せてくれなかった。これはたぶん、蜂にではなくレコードの針に刺される勇気と覚悟がなかった証なのだろう。警告の色はまた、悔悟の色にもなりうるのである。

牛にならなかった夜

教会での演奏会チケットはそんなに高価じゃありませんから、柱廊の陰になるような場所ではなくて演奏者がもっとよく見えるところにご招待しましょう、いつぞやの御礼もかねてね、と笑顔で先生は言った。右も左もわからなかった留学生時代、それはこちらもおなじですと笑いながら貴重な情報を惜しげもなく与えてくださった先生は、なにかを紹介するとき、かならず、こういうものはお好きじゃないだろうけれど、と丁寧な口調で付け加えるのを忘れなかった。

いつぞやとは、パリの由緒ある小さな劇場で上演された《屋根の上の牛》にお付き合いしたときのことで、同僚の教え子だという優秀な女子学生が三人、遠路はるばるダリウス・ミヨーの音楽を聴くためにやってきたのだが、直接知らない若い娘さんたちとの三対一はどうも気恥ずかしい、ついてはなんとかご足労いただけまいかと頭を下げられ、ご足労なんて表現を二十代の若造にさらりと口にできる謙虚さに心動かされて一夜のお供をしたのである。

開場前、軽くお腹を満たすために入ったカフェで、五つか六つ年下なのにひどく大人びたリーダー格の女の子が、黒目がちな丸顔を丸いまま傾けてこちらをじっと見つめながら、その日の演目について詳しく説明してくれた。ミヨーを卒業論文の主題にするのだという。楽曲の構成や特徴だけでなく、アーモンドの取引で財をなした裕福なユダヤ人の家に生まれているミヨーの半生が、順を追ってみごとにまとめられていく。一九四〇年、アメリカに渡ったあたりで時間切れとなったのだが、あのままいけば、半生どころか生涯が描き尽くされたことだろう。《屋根の上の牛》の発表は一九一九年。それから八十年が経っていた。

残念ながら、彼女のすばらしい解説も、先の見えない事務手続きに疲弊し、地下鉄でもバスでも公園でも、椅子に座ればたちまち眠ってしまう状態だった私にはなんの役にも立たなかった。明るく軽い電灯のような管楽器の音が、影響を受けているという南米の匂いを運んで来てこちらの身体を浮き立たせようとする。私はその心地よい波のうえで船を漕ぎそうになるのを懸命にこらえていた。喰ふて寝て牛にならばや桃の花。桃の花は咲かず、横にもならず、少し硬めのビロードの椅子の背に身を委ねて、屋根の上で寝転がった牛のような頭でふわふわしているうち、いつのまにか演奏会は終わっていた。

会場を出て、図書館の大きな壁沿いを五人連なって歩いたこと。先頭にいた私が側溝につまずいてあやうく転びそうになり、前からやってきた髭面の男に受け止めてもらったこと。そのとき彼のジャンパーからつよいクミンの香りがしたこと。石畳みの上では牛歩で行きましょうと先生に笑われたこと。そんな細部は覚えているのに、指揮者も演奏者も忘れてしまった。

ミヨーに興味がなかったわけではない。しかし《屋根の上の牛》は、好き嫌いとは関係のない場所に位置するたぐいの曲だったのだ。その位置づけが変わったのは、作曲家自身がシャンゼリゼ劇場オーケストラを指揮した演奏を聴いてからである。一九五八年に著名な録音技師アンドレ・シャルランのレーベルから発売されたものだが、それを採録した没後四〇周年記念盤CDのおかげで、あの夜、情けない牛になっていた自分のまぶたと、ひとつしかない胃の重みを追体験できたのだった。

屋根の上ではなく、華やかなステンドグラスに包まれた礼拝堂への階段をのぼって、若い男性ヴァイオリニストの演奏を先生と聴いたのは、その数週間後のことだ。桃の花の下の牛にはならなかったものの、終演後、素直な感想を述べるのをためらっていると、先生は敏感にそれを察し、どうして某コンクール第八位入賞なんてチラシに書く必要があるんでしょうね、いい音だったのにと首をかしげた。そして、いい演奏だったとは、最後まで口にしなかった。

螺旋階段のバッフル

何度も聴いている曲なのに、環境や状況が変わるとまったくべつのもののように感じられるという体験は、あたりまえに過ぎて語る必要もないくらいだが、繰り返し聴いたり読んだり見たりできると評価され、不動の位置を占める作品にこそむしろ揺れ幅があって変動の質も高いことは、ときどき確認しておくべきかもしれない。

振動を伝える空気の湿度や空間のヴォリュームや残響などの組み合わせがひとつ狂うと、音は変わってしまう。録音であれば、再生装置によっても音の姿は一変する。聴く側は、音楽がつねに揺れ動き、異なる表情を見せることを認めながら、それでもなお崩れず壊れず、最後まで持ちこたえる核に似たなにかをつかみ取って、好みの範疇に脳内で調整するのだ。逆に言えば、異なる環境でおなじ曲を耳にしたとき、なにが自分のうちに残っているかを肌で感じ、感覚が今後どう育っていくのかを、また、遠い将来、それらを他者に伝え、共有できる可能性があるかどうかを考えることも、音楽を聴く楽しみに含まれているのだろう。てんでばらばらな場所で聴いたひとつの曲の断片が他者にとっても重要な断片であることを知った瞬間、耳の記憶に化学反応が起きて、それが全身に波及していく。環境や状況が変化すると曲の表情が変わるというのは、細かく言えばそのような意味である。

サッカーのワールドカップ・フランス大会が開催国の優勝という予想外の結果に終わった年のこと、祭りの後のがらんとした街の小さなホテルに、仕事で一週間ほど滞在した。一日中外を歩きまわり、夕食をすませて帰ると、ホールにいつも音楽が流れていた。夜のフロント業務を任されている東欧系の青年が、私物のCDを掛けていたのである。絹糸みたいな栗色の髪が闇のなかの弱い電灯のもとで金色に染まり、眼窩の奥の灰緑色の瞳は鉱石みたいに光っていた。

客室は高い天井と厚い床板を隔てた二階より上にしかないので、夜でもかなりの音量が出せる。青年は、ソニーの古いポータブルCDプレーヤーを、ホテルのオーナーの持ち物だというワーフェデールのレシーバーアンプとスピーカーにつないでいた。硬い石壁とラッカー処理が施された床、らせん階段の渦巻き状のバッフル効果と夜の静寂によって、どの曲もはなはだ魅力的に聞こえた。初日は武満徹、二日目も武満徹で、《閉じた眼》と《雨の樹 素描》が掛かっていた。

三日目の夜に戻ると、音楽が流れていなかった。ちょうどCDを掛け替えるところだったのである。鍵をもらって階段をのぼろうとした瞬間、バッハの《フランス組曲第六番》が流れてきた。ホルショフスキーの演奏だった。一九九一年の録音で、私はこれを留学生時代に不法なアルバイトをして得たお金で買い、いろいろな場所の、いろいろな装置を通して何度も聴いてきたのだが、冒頭の数音の透明度はこれまで経験したことのないものだった。

ホルショフスキーですよね。ええ、と彼は見慣れたジャケットを示した。そのまま動けなくなって、私はフロントわきのソファーに腰を下ろし、結局、ひとこともしゃべらずに、シューマンの《パピヨン》とショパンの《前奏曲》を終わりまで聴き通した。なんという響きだったろう。あのたらこのような指先から放たれる音が、一定期間、透き通った膜のなかにとどまり、時を経て静かに滲み出るように拡散していく。CDのなかに隠されていた別テイクを探り当てた気分で、部屋に戻ってもなかなか眠りにつくことができなかった。

帰国後、そのCDを取り出して、何度も再生してみた。しかし、当然のことながら、あの夜のホルショフスキーは二度とあらわれてくれなかった。

出会い直すこと

若い日本の女性奏者によるベートーヴェンの《ヴァイオリン・ソナタ》のCDを聴いている。最初に買ったのは名盤のひしめく二番と九番が収められている一枚で、弦楽器のどこかに隠された、まだ誰も触れたことのない喉を歌わせるようなこの人の音には、とても惹きつけられるものがあった。以後、新譜を追うようになったのだが、すぐ翌年に出たバッハの無伴奏のソナタでは、音色が一挙に中年期を通り越した翳りを帯びていて私を驚かせた。

先のベートーヴェンのシリーズでは、彼女を支えるピアノ伴奏も不思議な光を放っていた。硬質だが、熟慮の末に選んだ硬さであることが明確に伝わってくるような音なのだ。名を確認して、当惑した。偶然、若い日の独奏を聴いたことがあったからである。

二度目のパリ滞在の折、散歩の途中に古い劇場の掲示板でイタリアの若手ピアニストの演奏会があることを教えられた。ずいぶん見栄えのするプログラムである。そのとき私は、満足のゆく音楽が聴けないことに苦しんでいた。家族で借りていた家具付きのアパルトマンには再生装置もあったのだが、音があまりに貧相で、音楽どころかラジオニュースさえ長時間聴きつづけることができなかったのだ。なんでもいいといっては失礼だが、まともな音楽にまともな音で触れておかないと、頭がおかしくなりそうだった。演奏会は二日後。チケット売り場で尋ねてみると、座席にはまだ余裕があるという。

いちばん安い桟敷席を買って、当日、まだ明るい夕刻の演奏会に出かけていった。一曲目はバッハの《パルティータ第二番》、それからシューマンの《交響的練習曲》。前者は後者の指慣らしのような印象で、あれほど音を欲していたのに、二曲ともなぜか耳にすんなり入ってこない。若いピアニストの音には、ひび割れも恐れぬ勢いがあった。まさに力業である。バッハとシューマンの音色にほとんど区別がなく、しかも音の粒はとてもはっきりしていて、それがひとつひとつ、こちらの身体に溜まった疲れの粒子にぶつかってくる。ピアニストが悪いのではない、自分が悪いのだと私は思っていた。じつは、日本から送った仕事の資料がなかなか届かず、こちらで買い直せばいいと思っていた人文関係の書物も大半が品切れか絶版になっていることが判明して、少し気持ちがささくれていたのだ。

いや、これは座席のせいかもしれない。そう思って、休み時間のあいだに、一階下の中央寄りに空いていた席に移動してみた。しかし、音にさほど変化はなかった。後半はベートーヴェンのピアノ・ソナタとシューマンの《謝肉祭》をつづけて聴いた。大学で記号論でも教えているような風貌ですべてを弾き終えると、若者はアンコールにショパンの《プレリュード》を披露してくれた。まばらな客席からまばらな拍手が湧き、私は釈然としない気持ちで真っ暗な道を歩いて帰った。

八年後、女性ヴァイオリニストの伴奏者となった彼の演奏は、劇的に変化していた。そこには、他者の才能に合わせ、他者を思いやりながら、静かに我を張るという難事をとても気持ちよく、しかも知的にこなす姿があった。言うなれば、これは二度目の出会いであり、相手の評価を再検討しつつ自身の未熟さを振り返るための、出会い直しだった。いまなら、彼の独奏を聴いてみたい、と素直に思う。

傾いたシベリウス

まだ迷ってらっしゃるのですか。鼻ピアスをした、黒ずくめのひょろながい店員が呆れたように言う。二組のスピーカーの前の不安定な革椅子に、私はもう一時間以上座りつづけていた。呆れられるのも無理はない。愛想よくエスプレッソを出してくれる店員はそれでも笑みを忘れず、二杯目のときは自分の分もつくって、しばらく隣の椅子に腰を下ろしていた。

TGVの出る駅の広場から、建物の高さと道幅のバランスがあまりよくない殺風景な大通りをしばらく下っていくと、この国としては比較的大きなオーディオショップがあって、そこにはカーヴを改造した試聴室が用意されていた。といっても壁はレンガむき出し、床は古い敷石のままで、五組ほど置かれたスピーカーはみな左右どちらかに傾いている。調音など考慮されている気配もなく、ただ空いていたから使っているだけのようだった。しかし、その無造作な感じが案外よかった。

私は手ぶらだった。聴き慣れた音源を持ち込んで参考にするようなこともしなかった。店で聴く音と借りている部屋の音が、素のままでおなじになるはずはない。買うにせよレンタルにせよ、生活の場に運び込んだあとで調整をするしかないのは明白だったので、ともかく備えつけのＣＤからよさそうなものを適当に選んで音を出していた。フランスのオーディオ雑誌を読んでいていつも気になるのは、スピーカーユニットを組み入れる函が、「妊娠している」という女性形容詞とおなじ綴りになることだった。音響機器の用語だとわかっていても、ふだんの感覚でその文字列を目がとらえると、つい大きなお腹を連想してしまうのだ。ブックシェルフ型の立方体ではなく、曲面を多用した現代的なシステムのほうが、この言葉にふさわしいとさえ感じられる。

とはいえ、その地下室での私に迷いはなかった。最初の音源で比較した数分のうちに、もう心を決めていたのだ。おなじ国の、おなじポリプロピレンを使っているメーカーなのに、なぜこうも陰翳に差が出るのか。一方は音が一メートル前から飛びだし、他方は一メートル奥から伏流して眼の前に浮かびあがる。椅子から動けなくなっていたのは、偶然手に取ったそのＣＤの、後者による再生音に心をつかまれてしまったからである。

なにを聴いてらっしゃるんですか。プレーヤーの脇に置かれたＣＤケースを手に取ると、黒ずくめの店員は、これは、うちの備品じゃないですねと首をかしげ、同僚に確認してきますと言って地上にあがっていった。ふたたび下りてくると、やはりこのあいだスピーカーを買われたお客さんが持ち込んで、忘れていかれたものみたいです、ぼくの出勤日じゃなかったので気づきませんでした、で、そんなにいいですか。ええ、と私。とてもよいと思いますね。シベリウスの《弦楽四重奏曲ニ短調作品五六》、通称「内なる声」。グリーグの《弦楽四重奏曲ト短調作品二七》とのカップリングだ。音の印象は、北欧の曲の気温と湿度にも影響されているのだろう、明るすぎても暗すぎてもしっくりこない弦の響きと後者のスピーカーの呼吸が、この地下室ではうまく調和している。演奏はニュー・ヘルシンキ・カルテット。ちょうど一枚を聴き終えたので、暇をもてあましているらしい店員を誘って、シベリウスを聴き直した。

こっちですね。尋ねもしないのに、彼は私が胸のうちで決めていたほうを指差した。返事をする前に、このＣＤを持ってきた客がどんなスピーカーを買ったか、確認してもらえないかと頼んでみた。黒い影がまた上り下りする。中古の一点ものを扱っているから、同一機種はない。しかし彼が口を開く前に、私はメーカーの名を言った。あ、そのとおりです、よくわかりましたね。彼はお世辞を言い、一拍置いて、スタンドもごいっしょにどうですか、と笑みを浮かべた。

ネモの箱舟

街なかでピアノ輸送の現場に出くわすと、怪しまれないよう少し離れたところからその様子を観察する。大きなクレーンで吊り上げたり吊り下げたりする機械に頼った作業には心惹かれないけれど、屈強とはとても言えそうにない、しかもかなり年齢差のありそうな男ふたりが、肩口にかけた太いベルトでピアノと一心同体となって、高さも幅もぎりぎりの狭い通路を一歩一歩移動していく闘いの現場に居合わせると、感嘆の溜息が出る。階段でもあった日には重量挙げのスナッチさながら頬を紅潮させ、息も止めて、ここしかない間合いで渾身の力をふりしぼり、しかもここしかない一点の力をうまく抜いた状態でことさらゆっくり歩を進める彼らのパフォーマンスは、ほとんど神業の域に達している。

一点から一点への移動だけで、相当な体力と神経をつかい、時間とお金を消費する。自前のピアノでそれを幾度も繰り返すのは、だから常軌を逸していると言えるだろう。遠方への移動中にどんな事故があるともかぎらないし、長時間の振動にさらされたら繊細微妙な調整も狂ってしまうからだ。演奏会用のピアノ運搬となれば、条件の異なる会場でつねに一定の音、一定のタッチを保つために、専属の調律師も帯同しなければならない。毎度そんな手間をかけていたら、とても採算が合わない。弾き込んだ愛器を持ち運ぶのは、望みはしても実現不可能な夢物語であって、ピアニストとは、自分の身体に合った楽器を人前で弾くことの許されない、まことに不自由な芸術家なのだ。私はずっと、そう思っていた。

ところが、あるとき、会場に自分のピアノを持ち込む演奏家もいることを知ったのである。たとえばミケランジェリは、来日公演の折、イタリアから愛器を二台運んできたのに、どちらもしっくりこないということで、やむをえず日本製を使ったという。ホロヴィッツも弾き慣れたピアノを持ち込んでいたし、ポリーニやツィメルマンも同様だ。もちろん彼らは例外中の例外であり、ふつうは演奏会場にある、いろいろな弾き手の癖を取り込んだ共用ピアノを弾くしかない。こうなると、調律師の存在は途方もなく大きいことになる。一台のピアノが、すぐれた調律師の手によって、まったくべつの音を奏でる。彼は表面的な弦の調整をするというより、ピアノの部材の遺伝子操作をして細胞の組成を変えていくのだ。それを外界の変化にも順応させるのは、生物の進化の過程をそのつど反復するに等しい。

スタインウェイ社の調律師の仕事を追った『ピアノマニア』のような記録映画も、それで可能になるのだろう。音の細部に対する弾く側の際限なき要求と、限界のなかでそれに応える職人技との真剣勝負には心を打たれる。ただ私は、その前段の、都市から都市へのピアノ輸送にも魅了されるのだ。トラックや飛行機だけではない。ピョートル・アンデルシェフスキーは、揺れの大きい鉄道の車両、それも貨物ではなく、ホテル並みの設備の整った専用車両で愛器を運ばせる。神に遣わされた男たちが、空っぽの客車に、分解されたグランドピアノを慎重に運び込む。養生用の毛布が取り払われ、その場で手早く組み立てられると、立派な音楽室のできあがりだ。ピアノを積んだ専用客車であちこち旅すること。ピアニストはこうして、図書室を完備した潜水艦で世界の海を旅するネモ船長の跡を追う。これは物書きにとっても究極の夢だ。もっとも、かりに実現したら、魔術的な鉄路の音楽と車窓の風景に酔いしれて、ただの一語も書けはしないだろうけれど。

前倒しのアンコール

ＦＭの演奏会の録音放送では、時間枠に全体が収まらない場合、ひとつふたつ曲を省いてわざと余白をつくり、そこに他の演奏会の録音を入れ込むことがある。カットされずに流されるとわかっているのは、アンコール曲だ。盛り上がっている観客の心をいったん鎮め、ふたたび高揚させてフェードアウトする締めくくりのリズムは、番組終了にもうまく合致する。最後に選ばれた曲の演奏は、プログラムをすべてこなし、重圧から解放されたあとのものだけに、肩の力がうまく抜けている。さらには、ただの付け足しではなく、より高度な表現を示す数刻でもあるから、本編とは異なる緊張感に包まれ、そこに他と比べようのない味わいが生まれる。アンコール演奏の部分だけを編集して一巻にまとめたら、さぞかし聴き応えのあるものができあがるだろう。

しかし、実際にやってみると、これがうまくいかないのだ。特定の音楽家のアンコールをひとつふたつ楽しむのと、複数の演奏家のアンコールばかり飛び石づたいにたどっていくのとでは、なにかが決定的にちがっている。「もう一度」という意味の追加演奏枠は、前段の空気を引きずってはじめて可能になる有機的な世界であって、どんなにすばらしい演奏でも、単体で聴くと中途半端なものになってしまう。逆に言えば、心に残ったアンコール曲の演奏が、全体を考え直すきっかけにもなるということだ。

アンコールの曲目が、他の演奏家と重なることも少なくなかった。自分の好みを通すより、聴衆受けするものを弾いてくれと主催者から求められているのだろうか。ピアノで言えば、シューベルトの《楽興の時》第三曲、シューマンの《トロイメライ》、そしてバッハの《主よ人の望みの喜びよ》。とくにバッハは幾度アンコールで取りあげられたかわからないほどだ。先の編集テープには、たしかツィメルマンとケフェレックの演奏が入っていた。私もこの曲が気に入って、ライヴではないピアノ曲集のLPやCDでも、新旧を問わず、機会あるごとに聴いてみるようになった。最も再生回数が多かったのは、リパッティの演奏だ。偶然ラジオで耳にして、彼の音色にたちまち夢中になった。アンコール曲編集の遊びのおかげで、自分なりの好みができあがっていたのだろう。なにしろその段階では、リパッティがどんな生涯を送ったピアニストなのか、ライナーノートに書かれている程度の知識しかなかったのである。

ディヌ・リパッティは一九一七年、ルーマニアのブカレストに生まれた。一九三四年にパリにやってきてコルトーに師事したが、すでに完成されていた演奏に付け加えるべきものはなにもなかったという。作曲にも力を入れ、こちらはポール・デュカスの指導を仰いでいた。ところが翌年五月、パリでのデビュー演奏会まであと三日というときにデュカスが亡くなり、あろうことか本番前に葬儀が執り行われることになった。師を悼んで、リパッティがその場で弾いた曲が、《主よ人の望みの喜びよ》だった。

そんな逸話を教えてくれたのは、グリゴール・バルガウアヌによる評伝である。書評用プルーフを安く売るパリの古書店で手に入れた仏訳を通して、リパッティと同郷のクララ・ハスキルや、教師として高く評価されていたナディア・ブーランジェとの関係、ほとんど立てないほどの状態で舞台にあがった最後の演奏会の模様なども詳しく知ることができた。先の放送で流れたのは、一九五〇年七月、亡くなる少し前にジュネーヴで録音されたものである。デュカスの葬儀で弾いた演奏がもし記録されていたら、それはわずか三十三歳の若さで亡くなった彼自身の生涯を前倒しする、唯一無二の、渾身のアンコールになっていたにちがいない。

癪にさわる

歌声は、その片隅から聞こえていた。隔週のゼミに通うだけであとは時々開かれている無料の映画上映会に顔を出す程度だった大学のフォワイエで人と落ち合うことになっていたのだが、少し早めに出向いてみると、道化師の格好をした男がひとり、白いペンキが塗られた壁を背景にパントマイムの練習をしていた。歌声は、男の前に置かれたラジカセのスピーカーから流れていた。切れ味良く身体を動かしていたから、パントマイムというより現代的な舞踏に属するものかもしれない。古いレコードから録ったのか、声のほかにぶつぶつざあざあと雨の降るようなノイズも入っていた。

演技には、あまり感心しなかった。下半身はリノリウムの床に固定されて微動だにしない。細長い顔よりも大きな筋張ったてのひらが、手首とも肘とも肩とも連動せず、字余りのように宙に浮いている。男は、それだけで感情の珠をつくろうとしていた。曲が終わっても演技者の顔で半歩移動して機械のように身体を折り、ラジカセのボタンを押す。がしゃんという重い機械音につづいてキュルキュルと高い音がホールに散り、停止するとまたボタンを押して演技を再開する。リピート機能を使わないのは、間を含めた一連の動きがすべて演技に入っているからだろうか。

残念ながら、私には男の動きより、ラジカセの声のほうが印象に残った。いまもまだ聞こえてくるような気がするという、ビゼーの《真珠採り》。むかし、フランス語初級文法の勉強にいいと教えられて、音楽を流しながらリブレットを読んでみたこともあった。ジョルジュ・プレートル指揮、パリ・オペラ座管弦楽団の組み合わせで、テノールはアラン・ヴァンゾだった。しかし流れていたのは明らかにモノラル音源で、この盤ではない。

来るはずの人がなかなか来ないので、私はおつりの出ない自販機で珈琲を買い、階段に腰を下ろして、練習なのか演技なのか見分けのつかないその不思議なパフォーマンスを繰り返し見た。というより、聴いた。山鳩のようにやさしい、よく響きわたる女性の声ではなかったけれど、神聖な歓喜を迎えて張りあげた声は湿った紐を伸ばすように飛んで、また引き戻される。その瞬間、妙な色艶がこぼれた。風にあおられ、わずかに顔をのぞかせたヴェールのあいだから、それがすっと入り込む。

待ち人があらわれたのを機に私は立ち上がり、男に近寄って小さくブラヴォとお世辞を言ってからラジカセを指差して、歌い手の名を尋ねてみた。男は眼を見開き、素の顔に戻った。空間の結び目がほどけ、会話が成立した。男は大学の卒業生だった。歌手についてはなにも知らないという。カセットテープにはビゼー《真珠採り》と記されているので、曲名はそれにまちがいないと思われるのだが、先輩から機械ごと譲り受けたものだし、歌劇の内容もわからない、全体を通して聴いたことは一度もないと、小さな声で滑らかに話した。言葉と音の糸はそこでもつれ合い、謎の首飾りは固く締めつけられて、記憶はさみしく封印された。私はそこで待ち人と外に出た。空間のではなく、時間の外に。

結び目がゆるんだのは、ずっとあとになって、歴代名歌手の声を集めたCDを聴いていたときのことだ。湿った紐の固さとやわらかさをふたつながら表現できる不思議な声が、一瞬にして私をあの空間に押し戻した。ベニャミーノ・ジーリ。聴きながらてのひらが動きはじめる。それが、少し癪にさわる。

ひとつの改宗のあり方

十六世紀半ば、日本にキリスト教をもたらしたイエズス会の宣教師フランシスコ・ザビエルは、スペイン人である。中学高校の歴史の教科書にはそのように記されていたし、いかにも聖職者らしい顔立ちの肖像画が当時の海洋大国のイメージに合致したこともあって、私は彼の出自を疑いもしていなかった。しかし、正確に言えば、ザビエルは現在のバスク地方に相当するナヴァラ王国の生まれである。父親は国王の側近として高い評価を得ていた人物で、ザビエルの活動のおおもとには、こうした環境があった。

ナヴァラ王国は、スペイン人、フランス人、バスク人三つどもえの駆け引きに翻弄されたあげく、一五一五年にスペインに併合された。ザビエルが神学を学びにパリ大学にやってくるのは一五二五年だから、この段階ではナヴァラ人ではなくスペイン人だったことになる。カルチェ・ラタンの大学寮で知り合ったイグナチウス・デ・ロヨラの影響のもと、ザビエルは数人の仲間たちとイエズス会を設立し、以後、信仰と布教に打ち込んで日本にまで足を延ばし、その後中国で死去した。聖人にまでなれば、国籍などなんの重要性もなくなっていただろう。

ところで、ナヴァラ王国の一部、ピレネー山脈の北側にあたる土地は、スペインに併合されずバス・ナヴァール地方と呼ばれ、小さな独立国と見なされていた。この小国の歴史は、やがてフランスのブルボン王朝と結ばれて複雑な展開を見せるのだが、その話はひとまず措く。私が語りたいのは、ナヴァラの名を持つフランスのチェリストのことだからである。

アンドレ・ナヴァラは、一九一一年、南仏ビアリッツに生まれた。父方の祖父はスペインではなくイタリアからの移民で、一八六〇年、サヴォワ地方がフランスに譲渡された頃、トゥルーズに落ち着いた。祖父の本名はナヴァレ。当初はフランス語がうまく話せず、役所で名前を登録するときの発音が悪くて、Navarre のかわりに Navarra と誤記されたにもかかわらず、訂正しなかったためそのままになったのだという。

父親はコントラバス奏者だった。幼くしてソルフェージュを学んだアンドレ少年は、九歳のとき、どんな楽器を弾きたいかと問われて、迷いなくチェロと応えた。父親は渋った。コントラバスなら自分で教えられるし、一族にはヴァイオリン弾きがたくさんいる。おまけにチェロは高価だった。ここで父親が息子の願いを叶えてやらなかったら、後年の偉大なチェリストは存在しなかったことになる。トゥルーズの音楽院を経てパリに上京するのが一九二六年。生活費の捻出に苦しみながら、ナヴァラはほとんど独学で研鑽を積み、徐々に頭角をあらわすと、二九年から三五年まで、クレトリィ四重奏団の一員として各地で演奏旅行をおこなった。

その若きナヴァラに最も大きな影響を与えたのが、チェロ奏者ではなくヴァイオリニストのカール・フレッシュだったことは、じつに興味深い。この希代の教育者でもあったフレッシュの演奏に眼を開かれたナヴァラは、彼の教本の仏訳で何年もかけて奏法を研究し、そのヴァイオリンの弓使いと運指に感化されて、とうとうヴィブラートと弓の持ち方を変更するに到った。それは《e》を《a》に変えるよりもはるかに大きな、ザビエルでもなしえない改宗だったのではないだろうか。

教えられるための火

アンドレ・ナヴァラがパリ国立音楽院の教師になったのは一九四九年、ピエール・フルニエの跡を襲ってのことだった。誘いを受けたとき、ソリストとして各地をまわっていたナヴァラは、すぐに心を決められずにいた。演奏活動と教師業の両立は困難だと考えていたからである。背中を押したのは妻だった。当時の院長は、クロード・デルヴァンクール。ドイツ占領下の時代、強制労働法による徴用を防ぐため、公の隠れ蓑として若者たちのオーケストラを設立し、その意図が明るみに出るや、今度は偽の身分証明書を発行して、対象となる教え子たちを国外に逃したという伝説の持ち主である。面談に出向いたナヴァラが教育と演奏活動の兼ね合いの難しさを訴えると、院長は当たり前のように応えた。ひと月くらいなら届け出なしで留守にしたってかまわない、それ以上の場合は連絡してくれたまえ、大臣に事情を説明しなければならんのでね。

感性と直感と努力だけで自分を磨いてきた人にはよくあることだが、ナヴァラもまた、若者たちの音楽に注意深く耳を傾け、ただちに欠点を見抜く力に恵まれていながら、それを修正させるための、明快かつ正確な語彙を持っていなかった。曲の解釈以前に、チェロの持ち方や弓の運び方を、相手が納得のいくかたちで説明することができなかったのである。経験の浅い者に模範演奏を示し、自分の眼で見て、自分の耳で聴きなさいといくら繰り返しても、彼らはすぐに実践できない。かくてナヴァラは、演奏する自分の姿を鏡に映し、動作の細部をつぶさに観察して、要点を整理していった。しかし、それらの動きを総合的に教示しうる適切な練習曲が見つからなかった。

そこで大きなヒントになったのが、十八世紀のチェリスト、ジャン＝ルイ・デュポールが残した教則本である。練習曲の第七番。ナヴァラはそこに、伝えるべき内容がすべて凝縮されていることに気づく。この一曲を土台に創りあげたメソードをもって、ナヴァラはようやく教師と演奏家を両立させ、以来、パリの国立音楽院に籍を置きながら、世界各地で後進の指導に当たった。ただし、個人にではなく、つねに公開レッスンとして。

一九六八年、五月革命が起きたとき、ナヴァラは五十七歳になっていた。教え子たちは、更迭すべき教師のリストを差し出した。才能に乏しいというのがその理由である。ナヴァラは賛同しなかった。同僚たちは与えられた仕事を精一杯やっている、責任はむしろ、彼らを任命した上の者にあると考えたからだ。五月のあいだ、ナヴァラは毎日出講した。教え子はひとりも出席しなかった。ド・ゴール大統領の手で動乱が鎮静化されると、彼らはしれっとした顔で教室に戻ってきた。ナヴァラは言った。一般の学生には戦う資格がある、しかし君たちは国立音楽院の学生として給費をもらっている身分だ、政府の金に手を付けている以上、その金の出所のやることに異を唱えるのは矛盾ではないか、おまけに君たちは私の授業に出なかった、今度は、こちらがストライキをする。

ナヴァラは毎日午後二時に出講し、午後二時二十分に帰宅した。簡単な指示を与えるだけで、レッスンは一度もしない。それを、半年つづけた。極端な行動に見えるかもしれないが、全身全霊で教えるにはそのくらいの覚悟が必要なのだ。もちろん教えられる側にも同等のエネルギーが求められる。ナヴァラの演奏には、大切な存在と真剣に向き合うという、すべての創造行為の、また生きることとの基本となる熱があった。その熱を得て彼の弓は錐に変貌し、火花を散らすのである。

読まれるべき音色

一歳半で母親を亡くした少年は、ぼんやりと覚えている彼女の大きな蒼い眼と長いまつげを、夜な夜な夢に見るようになった。眠りのなかの母の表情は、しだいに豊かになっていく。なのに、これこそ自分の母だという、確かな像がなかなか結ばれない。不安を感じた少年は、父親に頼んで、母の若い頃の写真を収めたアルバムを見せてもらう。なかに一枚、ふたりが結婚する前、仲間と森へピクニックに行ったときのスナップがあって、帽子をかぶった長い髪の女性がそこで笑みを浮かべていた。前後にどんな話をしていたのか。少年は問うた。しばらく考えて、父親は応えた。その日は暑くて、みんなで集まる前に、ふたりで松の木陰の草地に座って空を見上げていたんだ、風はなくて、蝉が鳴いていた。そのとき、おまえのお母さんは肩に身を寄せて、父さんの顔になにかついてると言うんだよ。

「あごひげに、十六分音符がいるのよ」
「十六分音符だって？」
「ええ……大きな蟻が！」

母になる前の若い女性が発した、この洒落っ気のある言葉を、少年がどう受けとめたのかは記されていない。ジュール・ルナールが『博物誌』のなかで、蟻を評してどこまでもつづく「３３３３３……」と記したのは一八九四年のことだ。少年は一八八〇年生まれだから、母親となる女性がルナールに倣った機知を利かせていると読むのは不可能だが、父の話に勢いを得てさらにアルバムをめくると、母となってからの彼女の幸福そうな顔があった。少年はわがままを言って貴重なアルバムを貸してもらい、毎晩ベッドのなかで眺めた。しかし、写真はあくまで写真にすぎない。彼が望んでいるのは、嘘偽りのない、本物の母親の顔だった。

少年の名は、ジャック・ティボー。父親はボルドーの名の知られた音楽教師で、ジャックは当初ピアノを学んでいたのだが、ヴァイオリンを弾くふたりの兄の影響で、弦の音にも親しみを感じていた。身体の弱かった上の兄の命がもういくばくもないとわかったある夜、七歳のジャックは父の友人に連れ出され、ベルギーのヴァイオリニスト、セザール・トムソンの弾くベートーヴェンの《協奏曲ニ長調作品六一》を聴いた。涙がとめどなく溢れ出した。ピアノではなくヴァイオリンを勉強しよう。そう心に決めたのは、この体験と、兄の死があったからだ。

ティボーの語り下ろしの自伝『ヴァイオリンは語る』には、小説かと見紛うほどの逸話と音楽史に残る事件がいくつも書き留められているのだが、なかでも強烈な印象を残すのは、母を恋うあまりどうしても「本物」の顔を見たいと懇願する息子のために、父親がわざわざ市役所の許可を得て、いっしょに妻の墓を掘り返しに行く場面だ。遺体は奇跡的に腐敗から免れていた。穴の底を正視できずにいる父親をよそに息子は墓にひざまずき、穏やかな母の顔をじっと見つめる。先の巻きあがった長いまつげ、蒼い眼差しが透けて見えるまぶた、ほぼ薔薇色の唇に消え残る微笑み。広く高い額を、絹とおなじくらい細い髪がかたどっていた。死後も天使の相貌をまとっていた母に接して、少年はようやく幸せを感じたという。

右の驚くべき逸話は、ティボーのヴァイオリンの、幼少時の墓地のような湿り気と、母親の亡骸の笑みをそのまま乗せた少しあやうい官能の匂いのする持続音にぴたりと合致する。男気があって、野性味もあって、しかしどこか永遠の母を恋い慕いながら、もろさを覆い隠す仮面として繰り出される詩人の言葉。ジャック・ティボーの音は、もっと「読まれて」もいい。モノラル録音で彼の演奏を聴くたびに、そう思わずにいられない。

未知の三重奏

とにかく急いでいる、なんとかしてくれないか、と電話があったのは、留学から帰った年の瀬の、ひときわ寒い夜のことだった。たったいま編集部宛てにファクスで届いた原稿をすぐに翻訳してほしいという。他にやるべきことがあったにもかかわらず断りきれなかったのは、その書き手、ベルナール・パンゴーが愛読していた作家のひとりであり、原稿の依頼状を翻訳したのもほかならぬこの私だったからだ。

　当時はすでにワープロを使っていたのだが、文字に味わいが乏しく、七十歳を超える異郷の作家には失礼だろうと思って、何度か推敲した下書きを手動タイプライターでA４の厚い紙に打ち直し、それを四つ折りにして指定の住所に航空便で送った。右の原稿は、その依頼に応えたものだったのである。添えられた簡潔な私信のなかに、別件の特集のほうも引き受けてみたい、正攻法のエッセイではなく短篇のような形を考えている、こちらはクリスマスのあとに取りかかるつもりだと、楽しげな言葉も添えられていた。実現すれば海外作家の書き下ろし短篇として企画の目玉にもなるだろう。

　翌年一月末日の夜、旧式のファクスがいきなり欧文原稿を受信しはじめたときの驚きと感激は小さくなかった。なにしろ古いものだから、感熱紙のロールを自動でカットする機能さえついていない。原稿はなまあたたかい絵巻物になって、どんどん床にひろがっていく。私は全頁受け取るまで待ちきれず、幾重にも重なったその先っぽをつまみあげて文字を追った。

タイトルは「未知のアンダンテ」。モーツァルト特集のための一篇である。一九七〇年代初頭のこと、作者と等身大の語り手が、ヘルシンキで開かれる《詩と社会》と題されたシンポジウムに参加するため、オルリー空港を発つ。機内で偶然、面識のある著名なイタリアの詩人と隣り合い、なぜか話題がモーツァルトに及んだとき、語り手は、詩人がこの音楽家について文章を書いていることを承知のうえで痛烈な批判を繰りひろげる。気まずい雰囲気になり、シンポジウムも不毛のまま終わった。主催者による懇親会を抜け出した語り手は、ひとり街に繰り出す。そこで、ふと、なかなか表舞台に出てこない幻のピアニストの名の記された演奏会のポスターを目にする。興味をそそられ、会場に足を向けると、演目に、あの大嫌いなモーツァルトのピアノ協奏曲《嬰ヘ短調Ｋ６２７》が含まれていた……。

ファクスが止まり、電話が鳴った。いま転送した原稿を一両日中に訳してほしいという、またしても無茶な注文だった。字数から概算して、四百字詰め原稿用紙四十枚ほどはある。かなり厳しかったが、私はもう先がどうなるのか知りたくてたまらなくなっていた。あとは訳しながら読めばいい。やります、と応えて仕事に打ち込み、なんとか入稿に間に合わせた。

二週間後、無事に送られてきた掲載誌を開いて、目を疑った。存在しないケッヘル番号を振られたピアノ協奏曲は作者の創作だが、もうひとつ未知の楽曲が記されていたからである。歌劇《ドン・ファン》。いったいなぜこんな事態になったのか。校了後に差し替えなどできるはずはない。編集部に問い合わせても判然とせず、私自身がこの短篇の主人公と同種の体験をしたかのような錯覚に陥った。ともあれ、活字の上では誤りである。私はお詫びの言葉とともに、この奇妙な出来事と作品世界との呼応について一文をしたため、ふたたび手動タイプライターで浄書したものを作者に送った。一カ月ほどのち、投函した封書が、そのまま返送されてきた。「あて所に尋ねあたりません」という不吉なシールが、ぴらぴらと生きもののようにうごめいていた。

フレンチ・コネクション

河岸沿いで開かれている古物市を冷やかしていたら、乱雑に横積みされているL

Pレコードの山に出くわした。傷まないよう通常は木か段ボールの箱に入れられているものだが、地面に敷かれたピクニックシートのうえに横置きでばらまかれ、中央が盛り土になって、ぎざぎざの稜線がひろがっている。ざっと見たかぎり四隅がきれいな角を保っているジャケットはほとんどなく、防水のコーティングフィルムも経年劣化で乾燥し、ところどころ日焼けした皮膚みたいに剝がれ落ちていた。

古書の山なら、何度か出くわしたことがある。状態のあまりよくない雑本が、遠くからでも目に入るよう撒き餌がわりにどんと積まれているのだ。よほどのことがないかぎり、気をそそるものはない。ところが、まあこの程度だろうと見切りかけた視野のなかに、姿のよい古書をならべた宝箱が待ち受けているのである。

周囲を見まわしてみたのだが、別扱いの箱はない。念のため近くで煙草を吸っていた店番の女性に確認してみると、レコードはこの山だけだという。三日前に引き取ったばかりの出物だった。変わった人だったみたいよ、前の持ち主は、と彼女は言った。ひとり暮らしのおじいさんで、部屋の床にレコードやら雑誌やら散らかしたまま、片付けるってことをしなかったらしくて。だったという過去形に私は引っ掛かった。亡くなったの、スーパーへ買い物に出かけた帰りに倒れてね、娘さんご夫婦が処分したいというので引き取ったんだけど、なんだか、部屋で見た状態のままばらしておかないといけないような気がしてさ。なるほど、でも、現代美術のインスタレーションみたいですね、これでは触れません。じゃあ触らずに全部まとめて買いなさいよ。彼女は豪快に笑って、このくらいにしておくからと二本指を出した。二百ユーロということだろう。

私は手を触れずに、ジャケットとジャケットが重なってはみ出している部分に目を凝らしながら、その二メートル四方の作品のまわりをゆっくり検分しはじめた。ジャズからポップスまで、ジャンルになんの脈絡もない。クラシックは古いEMIの管弦楽曲が一、二枚見えるくらいだった。これはやはり丁寧にひっくり返して調べてみるしかないなと思った瞬間、紺色がかった薄闇を背景とする、額の秀でた立派な男の顔が目に入った。ジーン・ハックマンだ。『フレンチ・コネクション』のサントラかもしれない。ハックマンはあの映画でいつも帽子をかぶっていた記憶があるけれど、背景の色あいは北米東海岸のものだ。私は指差して、触っていいかと許可を求めた。もうすっかり美術品扱いである。

静かに引き抜いてみると、その男は米国の俳優ではなく、旧ソヴィエト連邦のピアニストだった。スヴャトスラフ・リヒテル。西側に出てきたばかりの、まだ四十代の巨匠の横顔はじつに凛凛しい。下から撮影されているせいで、あの特徴的な顎が目立たなかったのだ。一九六一年十月一四日と一六日の二日間、パリのシャイヨー宮におけるライヴ録音で、レーベルは「ル・シャン・デュ・モンド」。ハイドンの《ピアノ・ソナタ作品六六》、ドビュッシーの《四つの前奏曲》、プロコフィエフの小曲が収められている。CDは持っていた。それこそマルセイユ経由で入手した白い粉の助けでも借りたかのごとき、とろけるような演奏だ。これをください、形見分けに。不意を突かれたように彼女は沈黙し、あげるよ、と小さく応えた。ほんとは二ユーロなんだけど、そんなふうに言われちゃ仕方ない。それからひとくち煙草をゆっくり吸い込んで、河岸沿いの湿った空気のなかにまっすぐな煙を吐いた。

リヒテルとさんざし

恥ずかしいことに、さんざしと言われても、私はまず漢方薬を想い浮かべるような子どもだった。時々家に来ていた富山の薬売りが置いていく整腸剤の世話になっていたから、袋や箱に記されたカンゾウだのさんざしだのは、てっきり薬の成分だと思い込んでいたのである。年中戸外で遊んでいながら、花や木の名を教えてくれるような友だちも大人もいなかったし、さんざしがどのような姿をしているのかさえ知らずにいた。固有名詞には現物との一対一対応を欠いて、宙に浮いているものが少なくない。仮に目の前にあっても、意識することなく通り過ぎてしまえば、それは存在しないに等しいのだ。

花としてのさんざしを知らないことに罪の意識を感じたのは、おそらく仏文科に進んだ学生の多くがそうであったように、プルーストを読みはじめたときのことである。『失われた時を求めて』の第一巻『スワン家のほうへ』で、読者は少年時に視点を導入する語り手の声を通して、鈴なりになった真っ白なさんざしの花と向き合う。清らかさと同時に、いくらか軽はずみな匂いもするその花が、ヴァントゥイユや彼の娘をはじめとする登場人物と深く結びついて、謎めいたメッセージを発するのだ。仏和辞典といっしょにカラー図版入りの植物図鑑を開いて、なんとか名前と色と形を一致させることができても、それだけではプルーストが伝えているような、あの怪しい性の営みから漏れ出る液体の、アーモンドに似た匂いを嗅ぐことはできない。私の想像の範囲内にあるのはあくまで富山の丸薬の匂いであって、花ではなかった。

プルーストを読みはじめたのは、夏の終わりである。翌年の春にならなければ、さんざしの現物は見られない。季節のめぐりを待って、どこかの公園か植物園にあるものを確かめに行く手もあったのだが、そこまではしなかった。あの小説におけるさんざしの役割はあまりに有名なので、なんとなく恥ずかしかったのだろう。いつかフランスに行く機会があったら、現地のさんざしを見て描写に重ねよう、それまでは、あくまで空想の花として読んでいけばいい、身体的な経験の穴をこれからの人生のなかで補っていきたいと思わせる作品こそ、読むに値するのだ、と屁理屈をこねて。

しかし、この回りくどい言い訳のおかげで、私はさんざしをめぐるスヴャトスラフ・リヒテルの言葉を味わうことができたのである。リヒテルはその著書のなかで、バッハの《平均律クラヴィーア曲集第二巻》から連想される風景を順々に語りながら、《第四番嬰ハ短調》の前奏曲に到って、突然、白いさんざしにまつわる父母の思い出に触れ、プルーストの一節を引いてこう述べている。

「さんざしは、恵み豊かだ。しかし、その内面に入り込むことを許しはしない。何度演奏しても謎を解き明かすことのできない音楽に似ている。果たして私はこの前奏曲の謎を解き明かせるのだろうか」

内面に入り込むことを許さない花。プルーストの大長編の登場人物とそこに流れている音楽の秘密を、かつてこれほど簡潔に言い当てた者がいただろうか。いま、ザルツブルク郊外、クレスハイム宮殿での録音ではなく、一九七三年にブダペスト音楽アカデミーで演奏されたライヴ録音で、嬰ハ短調の前奏曲を聴いている。不満な箇所はあとから差し替えたらしいのだが、さんざしの色と匂いが立ちのぼる音の絵巻は自然なままだ。どんなに注意深く見つめても、指を、心を傷つけるような棘は、一本もない。

昼の月

円形の容器から取り出したカマンベールチーズを円盤投げのように投げて、飛距離を競う。そんな馬鹿げた競技が現実に存在するのかどうか確認もせず、世界的な乳製品の産地で賞味期限切れのものならそのような遊びも許されるかもしれないし、うまく投げればきれいな放物線を描いてくれるのではないかと考えて、『熊の敷石』という作品のなかで、登場人物にこのカマンベール投げを語らせたことがある。刊行後、出来映えについての感想はほとんどなかったのだが、競技に触れた箇所には、実際におやりになったんですかと少なからぬ反響があった。数年後に仏訳され、フランス人読者の手に渡ったときも同様だった。重さもほどよく、片手にちょうど収まるくらいの円盤には、なにか人間の心を刺激するところがあるのだろう。

先日、電車に乗って、ドアにいちばん近い座席にぼんやり腰を下ろしていると、三十歳になるかならないかという外貌の、ヘッドフォンをした長髪の男が乗り込んできて、私の席の左手のバーにもたれるようにして立った。斜めがけにしている布製の鞄が、ちょうどこちらの顔の高さにある。走り出してまもなく、男はその上蓋を開けて手を差し込み、一枚の薄いCDケースに触れた。左手の長い指でそれを器用に開くと、菊の花のような爪に人差し指を当てて、白いデータ用のCDを取り外した。

ケースは半開きのまま残し、抜いた円盤の周囲を五本の指でつかんだ状態で、CDもろとも鞄のなかのべつのポケットに深く手を入れる。ぱかっと乾いた音がした。ポータブルのCDプレーヤーの蓋を開けたのだ。手にしている円盤の孔に人差し指を入れ、浮かせた数本の指でプレーヤーのなかのCDを取り出す。二枚の円盤を巧みに交換すると、それまで聴いていたCDを先のケースに入れてぱちりと閉じた。再生ボタンを押し、音量を調節する。ドーナツ盤を入れ替えるジュークボックスの仕掛けのような、あるいは盗みを目的としない掏摸の指先のような儀式めいた荘厳さと、それを無にする浮遊感があった。反対側のドアのガラスに映っている男は、そのあいだ一度も円盤に目をやっていない。ずっと外の景色を眺めていた。

圧縮したデジタル音源を、回転系ではない装置で再生するのが主流となっている御時世で、いまだCDプレーヤーを持ち歩いている人がいることに私はまず感銘を受け、ついで、真っ白なCDに黒マジックで書かれた曲名にしびれた。それまで聴いていたほうのCDだ。《月に憑かれたピエロ》。なるほど、昼日なかに月に憑かれた男が聴く曲として、これほどふさわしいものはない。

夜、仕事の帰りに、駅近くの量販店でこの曲の入っているCDを買った。歌っているのはルイーザ・カステラーニ。原詩はベルギー象徴派の詩人アルベール・ジローその独訳にシェーンベルクが音楽を付けたものだが、カステラーニの歌唱は鉄線で軸を回しているような、まさしくドイツ語の子音を駆使した回転系で、息継ぎの部分にもじゅうぶんなノイズと適度な狂気が乗っていた。演奏時間は三十六分ほど。ポータブルCDの男は乗り込んですぐに盤を入れ替えていたから、太陽の照る駅までの道中を月に追われて歩いてきたのだ。これが夜だったら彼は狼に化けて、遠吠えとともに、薄い円盤を幻のカマンベールさながら、はるか遠くへ投げていたにちがいない。

世界を生み出す針圧

氷にしっとり張りつきながら、超伝導体のようにほんの数ミリ浮きあがるという、あきらかに矛盾した舞い。黒海沿岸の温暖な小都市で開かれたスポーツの祭典の、フィギュアスケート男女シングルスの演技をテレビ観戦しながら、私は背反する要素を完全に融合させていたふたりのスケーターの膝下の動きと、比類ない足首の美しさを見つめていた。

横六〇×縦三〇メートルの囲い地の、端から端まで移動する際に必要な一蹴りのゴムのような伸縮と反応速度。背後に流れる音楽の強弱をつかむ、ほんの一拍前の足首の切り返しと躍動。上半身、もしくは全身のバランスがよくなければ意味もないことを承知の上で言えば、筋肉すべてのうねりと毛細血管の隅々にまで行きわたる鼓動を最も氷に近い一点へ正確に伝えるのは、技術の結晶というより天性の感覚のなせる業だ。彼らの足首は、音楽に合わせているのではなく、音楽を音楽にするために動いていた。

足首の返しひとつで、氷上の磁界に変化が起きる。傾いていた地軸が、星の生まれる前の状態に戻される。あまりに敏感なその尖端部は、しばしば悪い気をも吸い込む。ひとりは、中継地点である膝を痛めていた。ただし、真の足首は、力を伝えるためのポイントが故障しているときにこそ発動する。腕の動き、指先の表情、あるいは氷との接点を失う数刻の、一般にはジャンプと呼ばれる動作の成否など、もうどうでもよくなってくる。むしろ飛ぶ前の、まだ使われていないバネに秘められた未然の弾力にこそ、表現者の言葉の芯があると言いたくなるほどに。

じつのところ、もう一方の演技者の、緊張のあまり不具合が生じたとされる演技においても、その足首の美しさとブレードの音楽の共鳴は傑出していた。膝下を見ているかぎり、足首という出力端子に指令がきちんと伝わっていない状況を理解することは難しいだろう。上半身と下半身の不均衡によって崩れていく演技者は珍しくないけれど、そのような不調のなかにあっても、足首だけが独立した生きもののように言葉を発している事例はきわめてまれである。

表現者にとって万全の状態とはどういうものか、私にはわからない。万全とは、ありえないからこそ作り出された便利な用語であって、みなその架空のレベルを夢見つつ、いまできることを精一杯こなしていくのだ。上半身に焦点を当てがちなカメラワークによって分断された彼女の足首の、余計な飾りのない針は、背後に流れている音をピックアップして、まちがいなくひとつの音楽を生み出していた。零と一の段差をもうけず、滑らかな一本の帯を会場全体に示していた。ことに二度の演技でいずれもクラシック音楽を用いた宙に舞うまでの「助走」は、読みの音を換えずにそのまま「序奏」と呼びたくなるものだった。

ところで、彼女は以前、マスコットの白熊に似たロシア人女性コーチの指導を仰いでいたのだが、その夫が、なんとスタニスラフ・ネイガウスの弟子であり、絹の繊細さとパイルドライバーの荒々しさを持つロシア系ピアニズムの継承者、ヴラジミール・クライネフだと知って大いに驚いた。糸を引くような後ろ向きの助走＝序奏からくるりと前向きに踏み切り、わずか三回転半で小宇宙を創造してみせた若い女性の足首の奏でる、あのラフマニノフの《ピアノ協奏曲第二番》がもしクライネフの演奏だったら、氷上のリズムと色合いはどうなっていただろう。音楽を音楽たらしめる主体は、天性の足首であって切り貼りされた伴奏ではない。とはいえ、クライネフの強烈な打鍵が送り込んでくる音圧に、彼女の細い足首の針は、どこまで耐えることができただろうか。

すり合わせる必要はない

ベートーヴェンの交響曲のうち最も繰り返し聴いたのは、第四番と第七番ではないかと思う。組み合わせは様々だが、後者を好きになったきっかけは、ジョージ・セル指揮、クリーヴランド管弦楽団の演奏のおかげである。私はこれを、エンジェル・レコードの廉価版LPで買った。実直にして明澄、そして楽聖の重圧に対する絶妙な距離感。聴きはじめの頃、セルの完璧主義といった悪評とその印象を結びながら、彼が導き出す音には拠点である北米オハイオ州の空気も関係しているのではないかと考えていた。

セルの父親はハンガリー系、母親はスロヴァキア系のユダヤ人で、セルが幼い頃、ブダペストからウィーンに移り住んだとき、一家でカトリックに改宗している。一九三九年、彼らは母国を去って、合衆国に渡った。セルのたたずまいに潜む独特の突き放し方と、演奏における思い切りのよさは、ドイツ音楽の中心に詰め寄ることだけでなく、合衆国における自己探索によって育まれてきたのではないか。あるいは、第七番のなかにそうした屈曲と明るさを求める、なにか心的な要素が隠されているのではないか。

同様の印象を、第四番からも受ける。あれこれ聴いたあと、セルとクリーヴランドに戻って第一楽章冒頭を再生するたびに、何度も読み返してきた小説のはじまりから終わりまでを短時間のうちに味わい直した気分になるのだ。なぜそんな気持ちになるのか、私は説明できずにいた。

それが十年ほど前、ダニエル・バレンボイムとエドワード・サイードの対話『音楽と社会』の、バレンボイムの手品のような解説に触れて、なるほどそうだったのかと目を開かれた。彼によると、この曲は「混沌から秩序への道」、もしくは「荒涼から幸福への道」なのだという。冒頭部の「底なしの絶望感」は、変ロ音だけがずっとつづいて、ながいあいだなにも起きないことに由来し、そこには「空虚感がただよって」いるのだが、弦楽器の変ト音が入ってきた瞬間、「聴き手は今までの場所から放り出されてしまう」。それは、放り出される前に「本来の場所」ができあがっているからだと彼は説く。「中間地帯」に投げ出されても、かならずホームに戻ること。「まずはじめに自分が何者であるかを断定し、そのうえで、勇気をもってそのアイデンティティを手放し、それによって帰還の道を見いだす」こと。これはベートーヴェンの音楽の特徴であるだけでなく、音楽の本質そのものだ。

バレンボイムの分析がここでなにを視野に入れているかは、彼の出自を見ればある程度推測できる。一九四二年、ロシア系ユダヤ人としてブエノスアイレスに生まれたバレンボイムは、十歳のときイスラエルに移り住み、ピアニストとして、また指揮者としてヨーロッパ文化を吸収しながら成長した。一方で、反ユダヤ主義者でもあったワーグナーの「音楽」の理解者としてバイロイトで指揮をつづけ、しかもドイツに住んでいる。サイードはと言えば、一九三五年、英国統治下のエルサレムに生まれたパレスチナ人で、カトリック信者だった。

両者の複雑な出自をバレンボイムの発言に重ねると、「はじめに自分が何者であるかを断定」することじたいに無理が生じる。イスラエルとはなにかについて、両者の見解が完全に一致することはない。サイードは、レバノン内戦の不毛に言及しながら「異なってはいるが相互にからみ合う歴史という観念をもつことが、議論をするうえで欠かせないのだ。それらは、かならずしもたがいにすり合わせる必要はない」と述べている。「アイデンティティの放棄」あってこその、中立的な見解だと言っていいだろう。ベートーヴェンの《交響曲第四番》の冒頭には、だから、彼らの人生の縮図が隠されているのだ。それはまた、ジェルジ・セーッルの名を棄てたジョージ・セルのものでもあった。この指揮者とこの曲の組み合わせに惹かれる理由は、そこにあったのである。

とってもおもしろいこと

久しぶりにユリア・フィッシャーの弾くバッハ《無伴奏ヴァイオリン・ソナタとパルティータ》を通しで聴いた。はじめて吉田秀和さんにお会いした日に、こっそり教えていただいたものだ。まだ若い人だけれど、とってもおもしろいことをしている、というのが吉田さんの評で、おもしろいの内実は説明してくださらなかったのだが、「とっても」の響きが消えないうちにと、翌日、すぐ手に入れたのである。

ＦＭ放送に親しむようになって間もない、ある日曜日の朝、不思議な番組に出くわした。ちょっとぶっきらぼうな男性の声で、なんの飾りもない自己紹介があり、その日扱う作品に関する必要最低限の解説がなされたあとは、時間終了まで、特定の音楽家の、特定の傾向のもとに集められた楽曲が流されるだけだ。あいだに一、二度語りが入るものの、最後にまた、今日はこんな曲を聴いてみましたと言って締めくくられる。「名曲のたのしみ、吉田秀和」と語りはじめるこの人は誰なのか。きっとどこかの大学の偉い先生だろう。ところが、翌週から何度か聴いているうち、紹介される音楽よりも、あいだに挿入される語りのほうにだんだん惹きつけられていった。吉田秀和が音楽評論家である以上にひとりの批評家であり、すぐれた作家であると知ったのは、朝日新聞連載の「音楽展望」に触れるようになってからのことだ。

二〇〇三年、月に一度のそのコラムが休載になった。そのあと、どこかの媒体で、とてもさみしい、後ろ姿しか見えない文章を読んだ。奥様を亡くされた精神的なショックが大きくて、筆を執る力が湧いてこないらしいとの噂も耳にした。吉田さんの身心の状態を案ずる読者はたくさんいたことだろう。ただ、不安にかられながらも執筆再開の日が来るのを疑わなかったのは、「名曲のたのしみ」が途切れることなくつづいていたからである。声に疲れが混じっているとはいえ語りは明晰で、適度にくだけていた。要するにいつもどおりだったのだ。

その頃、私はフィリップ・ソレルスというフランスの作家が書いた、モーツァルトをめぐる批評的エッセーの邦訳を請け負っていた。なんの註もなしに引用される作曲家の手紙の出典を当たり、長々と展開されるオペラの記述を理解するために数枚組のCDを聴き直したり、あるいはDVDで細部を確かめたり、調べものに時間をとられて肝心の本文をなかなか仕上げられない状態に陥っていた。すると、窮状を見かねた担当編集者が、ずっと以前から考えていたことだとの但し付きで、こんな提案をしてくれたのだ。しばらく前から、編集部の面々で吉田秀和さんのお話をうかがう集まりを設けている。つらい状態からいま少しずつ回復され、外からの声も楽しみにしていらっしゃるので、よろしければごいっしょしませんか。

突然のことに、言葉を失った。中学生の時分からラジオでその声に親しみ、文章を愛読してきた別世界の先生のところへ、仕事でもないのにのこのこ出かけていっていいものか。たしかに音楽にかかわる本の翻訳はしているけれど、まだ作業の途中なのだ。生半可な知識で、いったいなにを、どう語ることができるのだろう。しかし、ためらいは、提案者の目に控えめな了解と映ったらしい。あっという間に話がまとまり、翌週には鎌倉の、狭い路地の途中にある古いお宅を訪ねる段取りができあがっていた。

とってもおもしろいことの意味はいまだにわからない。しかしユリア・フィッシャーのしなやかな弦を聴くたびに、あの日の吉田さんの、あたたかい声を思い出す。

むずかしさの土台

吉田秀和さんを訪ねた日、まずは車で移動して、海辺のレストランで昼食をいただいた。食事に入る前、給仕の男性に吉田さんは、ぼくは音楽が嫌いなんだと穏やかに言って、店内に流れているBGMを切らせた。「音楽が嫌い」という文言には、その口調とは裏腹に、重い響きがあった。海が一望できるテーブルで、若い頃の思い出話から現在の日本の文化状況にいたるまで、吉田さんは心に思い浮かぶことを、落ち着いた口調で語りつづけた。話はすべて、その場でこしらえたのではない、生きた言葉で組み立てられていた。何度も考え、何度も書き、何度も語ってきた内容を、いま眼の前にいる人に話すという点に留意して自然な抑揚をつけながら再話する。どこかで読んだ話だなとわかっていても、いや、わかっている話だからこそ、何度でも繰り返し聞きたいと思わせる語り口だった。

お宅に戻ってから、翻訳中のモーツァルトをめぐるエッセイについて、私は問われるまま説明した。調べものの煩雑なことを嘆いたあと、どうやら作者は、モーツァルトから父親殺しのイメージを引きだそうとしているようですと感想を述べると、吉田さんはしみじみとした独白に近い調子で言った。

「レーオポルトみたいなお父さんがいなかったら、モーツァルトはなかったでしょう。やはり、あの父親の役割は大きかったと思いますよ。だって、彼はまず、息子に初等の教育をほどこし、その天才を見抜いた。そして、息子がむずかしい音楽を書こうとすると、もっとわかりやすく、もっとやさしく、と諭しつづけた。それを、徹底した。だから、モーツァルトは、もっとたくさんの音を聴いていたはずなのに、無理に削ってああいうふうに仕上げた。ときどきむずかしい音を出します。でも、それは、やさしさを土台にしたむずかしさなんだ。いまの作曲家は、あいだに音を詰めすぎる」

独白ではなかったかもしれない。たぶん、目の前の、自分の半分も生きていない若造に、大事なことを伝えようとしておられたのだろう。「やさしさを土台にしたむずかしさ」と言われたときの抑揚が、いまも忘れられない。ラジオから聞こえてくるあの声で、究極の難問をさらりと口にされたのだ。

私たちはその前に、「中原」の話もしていた。吉田さんより五歳年上の、先輩であり親友でありライバルであり、そしておそらく十代の吉田さんにとってはモーツァルトそのものであった詩人、中原中也のことを。中也には、父親に代わる、もうひとりの見えない自分がいた。その、もうひとりの自分が、「たくさんの音を聴いていたはず」の中也に対して、もっと削れ、もっとやさしくとささやきつづけ、あいう詩を書かせたのだ。そんなふうに受け取りうる文脈での発言だった。モーツァルトには、自分の難解さがよくわかっていた。他人に理解してもらえないことがわかっていた。吉田さんはつづけた。

「途中で、もういいや、と思ったんじゃないかしら。父親からも、ちゃんと売れるようにしなさいって言われて努力している節もありますね。曲を書いていても、あこの辺でブラックホールに入ってしまいそうだ、調子はずれに走ってしまいそうだっていうところを、我慢して転調させずに抑えている」

ソレルスのモーツァルト論には、我慢して、という部分に対するまなざしがつよく出てはいない。そしてそれこそがソレルスなのだと、私は遠まわしに教えられたのである。

声と批評

もう一度向こうから歩いてきてください、手足の動きがぎこちないです。緊張しているのではなくて、私の歩き方はふだんからぎこちないのだが、命じられるままやり直した。大通りでのカットになんとか許しが出ると、つぎは路地に面した、表札のない門からつづく細長い通路をぬけて玄関口で立ち止まり、磨り硝子の入った古くて軽い引き戸をからから開けるシーンに移った。すると、また声がかかった。私にだけではない。待ち受けている人にもだ。戸が開く前に硝子の向こうに影がちらついているのは不自然ですから、呼び鈴のあとしばしの間をおいて姿があらわれる、という順序でお願いします。そんなふうに、撮影は厳密に決められたシナリオに沿って着々と進められていった。

このたび吉田秀和さんを顕揚する番組を制作することになったので、お宅を訪ねて話を聞く役を引き受けていただきたい。そんな驚きの申し出があったのは、二〇〇七年の春先のことである。番組を統括するAさんは「名曲のたのしみ」のディレクターで、吉田さんの信頼のあつい方だった。さすがにそれは能力を超えていますと答えたのだが、吉田さんの要望であるとも遠まわしに説得されてあとに引けなくなった。

当日、冒頭の演技を無事に終えたあと、私たちは古い日本家屋の中庭に設置された撮影機材の前の、ハの字型に用意された籐椅子に腰を下ろした。快晴である。初夏の日射しは容赦なかった。ご高齢の吉田さんを疲れさせるわけにはいかないから、当然、私が陽の当たる側に、吉田さんは木陰の側に配されている。情況はかなりきつかった。まぶしくて目を開けていられないし、頬がほてってぼんやりする。しかし、もう本番の声がかかっていた。テーブルもないので、せっかくの機会だからと全集を読み返して用意したノートは、審美的にも物理的にも表に出すことができない。あとはもう、流れに任せるしかなかった。

そのときである。Aさんが中腰でさっと私の足下に移動してきて、思いもよらない指示を出した。じつは、吉田さんの批評に対するお考えは、昨日、自分が聞き手になってたっぷり伺っている。今日は、小林秀雄とホロヴィッツの話を中心に聞いて下さいと。一瞬、なんのことだかわからなかった。ある意味で、この二点こそ最もありふれた問いであり、避けるべき話題だったからだ。とはいえ、ここで席を立てば吉田さんにもスタッフにも迷惑がかかる。私は編集上必要なそのやりとりの場面を作り出すため、慎重に流れを統御し、なんとか大役を果たした。幸いなことに、対話の一部は、吉田さんの許可が得られれば、後日、某季刊誌に全篇収録される可能性も残されていた。

予想どおり、番組が放映されたあと、多くの方から、いったいなぜあれほど薄っぺらな質問をしたのかと問われ、準備もせずによくあんな偉い方に会いに行けたものだと難じられた。内幕を明かすわけにもいかず、力不足でしたと応えるしかなかったのだが、かなり遅れてではあれ、現場での対話が文字に起こされていなかったら、私は音楽批評史に残る愚か者として記憶されていたことだろう。本当のことを口にできるようになったのは、吉田さんが亡くなった翌年、二〇一三年の秋に、四十年以上続いた「名曲のたのしみ」をめぐるAさんとの公開対談の席で、会場の方に打ち明けてからのことだ。

誤解のないように言っておくと、Aさんは礼儀正しく誠実な方である。「名曲のたのしみ」のスタジオ収録の撮影にも私は同行していたので、現場での指示の的確さや吉田さんとのあうんの呼吸はよく知っている。そのAさんにしてなおあのような指示を出さざるをえないところに、テレビという媒体の問題があるのだろう。逆に言えば、そういう空間における言葉をみごとな批評の域に高めていった吉田秀和の凄みもわかるというものだ。あの番組の語りは、すべて御自身で用意された手書き原稿を読まれたものなのである。対話の席では、ラジオの仕事が自分の文章に大きな影響を与えたとも語っておられた。声に出して話すリズムを、文章に取り入れること。最晩年の、とくに歌曲をめぐる散文には、それが十全に発揮されていた。

センチメンタルなところ

ひとりの人間の生涯において、四十一年という時間の占める大きさをあれこれ想像してみる。私の年齢はもうこの数字を超えてしまったのだが、現世で与えられた時の総体がそれを下回る方も多いわけだから、幸いにもと言うべきなのだろう。しかし、漠然と想い浮かべているだけの歳月に具体的な行為の持続を当てはめてみると、この数字の途方もなさがよくわかる。

吉田秀和さんはＮＨＫ・ＦＭの番組「名曲のたのしみ」を、たったひとり、亡くなるまで四十一年間つづけた。私がこれほど長期にわたって親しんだ番組はほかにない。国外にいた時期を除けば、最低でも月に一度は耳にしている。だからかえって声じたいの生物学的な変化に気づかず、この番組の一部を活字化し、多少の編集をほどこした音源を附属ＣＤで紹介する学研のシリーズを手にして、はじめてその変化に驚かされた。

たとえば、一九八〇年代の語りは、後年に比べると若々しくてかなり早口である。原稿を読むというより、すべて頭に入れたものを語っている自信と速度が感じられる。音源を聴き直して、その声の張りにはっとさせられると同時に、自分の記憶の糸がいかにひ弱なものだったかを、あらためて思い知らされることになった。ある時期以降、私にとってこの番組は、「名曲のたのしみ、吉田秀和」というぶっきらぼうな冒頭と不可分なものになっていたのだが、その思い入れがつよすぎて、他のヴァージョンを頭から消していたらしい。

いつだったか、じつにくだらない質問ですがと前置きしたうえで、あの番組の、「です」もなにもない言い切りのフレーズは、最初からのものでしょうか、と尋ねてみると、吉田さんは言下に、うん、最初からです、だって、ほかに言うことないから、と応えられた。ところが、実際にはそうではなかったのだ。一例を挙げれば、一九八二年一一月七日の第一〇五回の出だしは、「おはようございます。名曲のたのしみ。吉田秀和です」となっている。挨拶としても導入部としてもまことに自然で、無理に言っている気配はない。同様の冒頭は、翌年にもあるし、他の回にもあったはずだ。なぜこれが記憶から抜け落ちていたのだろう。また、吉田さんもなぜあっさり同意されたのだろう。不思議と言うほかない。

あの文句は、淀川長治の「サヨナラ、サヨナラ、サヨナラ」に匹敵するものだと思います。馬鹿なことを言う私を叱りもせず、吉田さんは、はははと笑って、淀川さんは頭のいい人だったね、すばらしく頭のいい人、と懐かしそうに宙を見あげた。いつだったか上野へパントマイムのマルセル・マルソーの公演を観に行ったら彼がいて、終演後に、マルソーの演技の細部について、みごとな批評をしてくれた、それはそれはすばらしかった、ほんとうに頭のいい人なんだ、でも、それなのに、どうしてチャップリンがあんなに好きなんだろう。

真顔で問われて私は返答に窮し、淀川長治には、自分は嫌いな人に会ったことがないという名言があります、と応じた。吉田さんは淋しそうな顔をして言った。でもね、チャップリンだって、つねに弱い者を助けてきたわけじゃないはずだし、よからぬ部分もあった、とぼくは思うんだが、淀川さんは完全に褒めるんだよ、あんなに頭のいい人なのに。

第一〇五回の「名曲のたのしみ」で紹介されたのは、モーツァルトの《ディヴェルティメント第十五番変ロ長調K二八七》、カラヤン指揮、ベルリン・フィルハーモニーの演奏だった。吉田さんの解説はこうである。「いちばん艶麗典雅な趣を備えて、しかも豊かな感じがして好きですね。ちっともセンチメンタルなところがない」。

淀川さんにあって吉田さんにないもの。それが「センチメンタルなところ」だったのかもしれない。

ブゾーニの亡霊

なつかしい名前ですけれど、人前で口に出すのはちょっと恥ずかしくありませんか。何気ない雑談のなかで少し年上の方からそう言われたとき、ああ、たぶんこの人も、彼がむかし洋酒のコマーシャルで人気を集めた時代を知っているのだなと思いつつ、私は目にしたばかりの訃報の内容を伝えた。二〇一二年一月八日、スイスはルガーノの病院で、ピアニストのアレクシス・ワイセンベルクが亡くなっていたのである。

一九二九年、ブルガリアのソフィアに生まれたワイセンベルクは、東欧というより旧ソヴィエト連邦の匂いのする顔立ちだったが、五六年にフランス国籍を取得しているので、かつて日本のテレビのなかでチャイコフスキーの《ピアノ協奏曲第一番》のさわりを弾いていたときには、まぎれもないフランス人だったことになる。「ル・モンド」が十日遅れの一月十八日付で比較的長い追悼記事を出したのは、彼が「自国の」ピアニストだったからだ。私はそこではじめて、ワイセンベルクが三十年前からパーキンソン病を患っていたことを知った。

父は外交官で母はピアニスト。アレクシス少年の最初の音楽教師は、当然この母親だった。病の話以上に衝撃を受けたのは、一九四一年、彼が父親によってユダヤ人であることを密告され、母ともども収容所に送られたという事実である。離婚調停中だったとはいえ、十代の少年にとってこの実父の仕打ちがどれほど心の傷になったかは想像に難くない。母親が隠し持っていた宝石類で彼らは看守を買収し、収容所を抜け出すと、バルカン諸国を抜けてイスタンブールへ、そしてハイファへ向かった。そこでどんな暮らしをしていたのかまでは報じられていない。

ワイセンベルクが本格的な音楽の勉強を開始するのは、一九四六年、アメリカに渡って、ジュリアード音楽院に入学してからのことだ。翌年、レーヴェントリット国際音楽コンクールで優勝し、北米を中心に演奏活動を開始するのだが、一九五六年になって、とつぜん休養を宣言する。以後十年、自分を見つめ直すために音楽から離れ、絵画に専念していたという。復帰してからの活躍は、まことに華々しい。にもかかわらず、軽機関銃のごとく正確きわまりない技術が逆に不評を買い、氷のように冷たい演奏だと、感情のなさを批判されることも多かった。ワイセンベルクがなつかしさとともに恥ずかしさを喚起するという先の言葉は、こうした彼我の世評にもとづいている。ただ、その冷ややかな音は、技術と才気のみによるものではなく、父親の密告によって凍りつき、ついに解けることのなかった負の体験に由来しているとも考えられるのだ。

ワイセンベルクのレコードは、私も何枚か持っている。追悼の代わりに、一九八二年、発病の前にイタリアのラジオ放送のためになされた、バッハ、ハイドン、シューマンの演奏会の録音を取り出した。ここでのワイセンベルクの音は、冷たいばかりではない。軽機関銃のリズムはそのままに、耳ではなく目にゴミが入ったような視界の濁りがあって、それが不思議な丸みを生んでいる。音を、音楽にしている。

ところで、先の「ル・モンド」の追悼記事には、ジュリアード音楽院時代に、彼がブゾーニと親しく交わった、と記されていた。なるほどワイセンベルクのタッチの最良の部分には、すぐれたピアニストでもあったこのイタリア人作曲家に通じるところがある。とはいえ、ブゾーニは一九二四年に亡くなっているはずだ。ずっと気になっていたその謎が、先日、別件で過去の記事を調べているとき、偶然解き明かされた。同年一月二十七日付で、訂正記事が出ていたのを見逃していたのだ。ワイセンベルクが親しんだのはブゾーニその人ではなく、彼が校訂・編曲したバッハの作品だった。それはそうだろう。しかしここはむしろ、収容所から遁走したワイセンベルクが、フーガを読み直すブゾーニの亡霊と親しくしていた、と解釈させておいてもよかったのではないだろうか。

魔女とピアノ

リハーサルの合間の気晴らしに、彼女は演奏会場からさほど遠くない、ハンブルクの港湾地区を散策してみることにした。がらんとして、ほとんど人影のない埠頭を歩きつづけ、ちょうど疲れを感じた頃、古びた書店が目に入った。灯りがついていたので休息を兼ねて入ってみると、中は骨董屋の趣きである。帳場では少女がひとり、宿題をしながら店番をしていた。

彼女の目は、すぐさま年代ものの姿見に惹きつけられた。のぞき込んでみると、自分の背後に、北方の雪景色がひろがっている。黒い樅の木の森と凍りついた大きな湖。ポスターか写真が映り込んでいるのかと振り返ってみると、書棚しかなかった。垣間見た景色は、幻想だったのか。正札の但し書きによれば、この姿見は、一八九九年にギルフォードで競売にかけられた、チャールズ・ドジソン、つまりルイス・キャロルの所有物だという。彼女は動揺して、床に積まれていた書類の束につまずいた。崩れかけた紙の中に、楽譜の一部がちらりと見える。店を出る口実に、彼女はその山をごっそり買い求めた。

二日後、ホテルで開封してみると、原稿らしきものの束が出てきた。厚紙を表紙にして、そこに奇怪なエッチングが貼りつけてある。波立つ海を背景にしたテラスのようなところで男がピアノを弾いている。左隣には、ハープを手にした人魚の姿が描かれていた。作者はマックス・クリンガー。幻想的な光景を目にして、彼女は思う。この絵の世界は、いまリハーサルでとりかかっているブラームスの《ピアノ協奏曲第二番》から感じるヴィジョンそのものだと。しかも草稿には、カール・ヴュルトという名が記されている。ブラームスのペンネームのひとつだった。

本物なのか偽物なのか。判読できないドイツ語の原稿を、彼女は友人に頼んで少しずつフランス語に訳してもらい、宿で読み解いていった。そこには冷たい北の国に向から旅の様子が描かれていた。語り手は森のなかで説明しがたい昏迷に襲われ、身動きできなくなる。音を奪われ、沈黙ばかりが大きくなっていく不穏な森の空気に浸れば浸るほど、一連の描写が、先の版画の世界に、姿見のなかの光景に、そしてリハーサル中に感じた脳内イメージに重なっていく。この原稿の由来が知りたい。彼女はふたたび骨董屋を訪ねた。店にはあいかわらず少女しかいなくて、商品についての詳しい情報は得られなかった。そこで、夢ではない証拠に例の鏡を購入し、北アメリカの自宅に送ってもらうことにした。

二〇一三年の春、ドゴール空港の売店で『セイラムへの帰還』と題されたこの本を求めて、東京への機中で一読した。書き手はエレーヌ・グリモー。ちょうどグラモフォンからブラームスの《ピアノ協奏曲》を二曲まとめたアルバムが出たばかりだったので、タイアップのようなものだろうと軽い気持ちで読みはじめたところ、入手した謎の草稿の仏訳を作中作として引用しながら「交響曲のようなピアノ協奏曲」の核心に向かってミステリ風に迫っていく展開に、いつのまにか乗せられていた。

ブラームスが二十代で書きあげた第一番からの圧倒的な深化とその意味の探究が、物語ではなく省察の領域に収まる文章で綴られている。わずかに差し込む明るい光を本能の霧で抑えるようなこの時期のブラームスの、シューマンとは別種の狂気の影と孤独が、脱線を重ねるいくつものエピソードを通じて浮き彫りにされる。

ところで、エレーヌ・グリモーと言えば、狼に魅せられ、北米の都市セイラムに保護センターを設立したことで知られているのだが、セイラムは十七世紀末の魔女裁判で知られた町でもある。虚構をまじえた探究は、ここで問題の核に触れる。なぜなら、魔女こそは動物たちと言葉を介さない意思疎通をはかって、人間に沈黙の意味を突きつける存在であり、音を奏でるピアニストの分身とも言えるからだ。

帰国後、一冊の書物に込められた言葉が演奏に反映されているかどうかを確かめたくて、私は彼女の新譜を買った。まちがっても、魔女裁判にかけるためではない。

捧げない銃《つつ》

フルートが、ヴァイオリンになっている。ジョルジュ・デュアメルの『慰めの音楽』が一九九九年に復刊されたとき、その知らせを喜ばしく思いながらも、新装の表紙に対して私はとまどいを隠せなかった。手もとにある旧版は一九七三年刊行の第八刷、四六判の函入りで、本体の造本もじつに美しいのだが、表紙にあしらわれていたのはヴァイオリンではなく、一本のフルートだったからである。

右開きの単行本を函に収めると、函の背から見て右側が表になる。題字、著者名、版元の名は、こちらに記される。中央やや上寄りにフルートが一本、口を右にして真横に配され、その上に著者名とタイトルが、その下に訳者名と版元が二行ずつならび、いずれにも、横笛の細長い印象を消さないようゴシック活字でわずかな平体がかけられている。文字はすべて右揃いだ。

上下の仕切りの役目も果たす楽器の使い方に感心しつつ本体を引き出すと、そこにも函とおなじものが、しかしもっと上寄りに配され、その左上に青竹のような色のゴシックでタイトルが小さく刷られている。文字は左揃いで、右上の余白が全体をうまく引き締め、訳者名も版元の名も除いた表紙にかかっている透明なビニールカバーが、活字の鮮度を高めていた。細部までよく考え抜かれ、バランスのとれたレイアウトだ。内扉には、函の題字を縮尺したものが左詰めで印刷されており、函をひっくり返すと、裏側に本体と変わらぬ意匠がある。この本を手にした読者は、フルートと文字列の変奏を四度愉しむことができるわけだ。これがすでにひとつの音楽を奏でていると言ってもいい。

ただ、装幀者の名は明記されていない。おそらく社内編集者が担当したのだろう。ながいあいだそう思い込んでいた。ところが、念のため一九六三年の初版に当たると、表紙にはビニールカバーではなくグラシン紙が巻かれており、作者近影のつぎの扉の裏に、「装幀　宮脇俊三」と記されている。どの刷りから削除されたのかは不明だが、勿体ない話だ。

ジョルジュ・デュアメルは、戦後すぐ長谷川四郎の訳で紹介された『パスキエ家の記録』という大河小説で知られている作家だが、本業は医師である。第一次世界大戦中、軍医として戦地に赴いたデュアメルは、音楽の禁断症状に苦しんでいた。よい音楽を聴きたい。野戦病院では叶わぬ夢である。そこに偶然、前線にいた軍楽隊長が負傷兵として帰還してくる。軍医は治療を担当しながら患者と音楽談議に興じ、ある朝、もう音楽なしでは生きられませんと打ち明けた。患者はこともなげに応えた。ならば、ご自分でおやりになればいい。デュアメルは一八八四年生まれで、すでに三十一歳になっていた。楽器を習うには遅すぎるのではないか。すると相手はフルートを勧めた。早いか遅いかはともかく、「あれなら軍医さんの行李の中でも、場所をとらないから」と。

その晩、音楽愛好家の軍医は、フルートを送ってほしいと妻に手紙を書いた。ほどなくして、戦場に中古のフルートが一本送られてきた。レッスンをほどこしたのは、むろん患者である。楽隊長が連隊に戻ると、デュアメルは砲弾の代わりに音楽を奏でる筒を抱えてヴェルダンに向かった。一九一六年冬から十カ月ほどのあいだに、独仏両軍あわせて七十万の死者を出すことになった死地である。デュアメルにとって、また『慰めの音楽』と題された書物にとって、フルートはなによりも大切なものだったのだ。邦訳新装版からこの楽器が消えたことを私が嘆く理由は、そこにある。

魔笛の使い方

ひとつの楽曲をどのようにとらえ、どのように受け入れるかは、聴き手の自由である。音楽家のなかでも、親しんでいる楽器によって聴きどころは当然ちがってくるだろう。ベートーヴェンの《交響曲第四番変ロ長調》のアダージョの特徴を「混沌から秩序への道」、もしくは「荒涼から幸福への道」と評したのはダニエル・バレンボイムだったが、ジョルジュ・デュアメルもまた、『慰めの音楽』のなかでこの曲について言葉を費やし、弦楽器、ティンパニ、時にはオーケストラ全体でリズムをつけたこのアダージョは、「或いはデリケートな、或いは力強い鼓動のようなもので伴奏されている」と述べている。医師デュアメルにとって、鼓動の一語はごく自然な比喩だと思われるのだが、実際には、比喩どころか実体験にもとづくものだった。

医者の立場からこのアダージョを聴くと、「人間の心臓を聴診したときの音の再現になっている」とデュアメルは言い、示唆に富んだ新説を披露する。《交響曲第四番》が書かれた一八〇六年、作曲家は、「言い伝えによれば、テレーゼ・フォン・ブルンスウィックと婚約して、高揚された心境を生きていた」。つまり「世間が沈黙に陥るとその心臓の鼓動がきこえてくるという、人生の瞬間の一つを生きていたのである」。デュアメルは「言い伝えによれば」と留保をつけているのだが、現在では、この時期の恋人と呼びうる相手は諸説あるらしい。もっとも、恋心が心身によい影響を及ぼしたという観点に立てば、対象はどんな女性でもいいことになるだろうか。

私が新説と呼んだのは、デュアメルが《交響曲第四番》を聴いて感じたその律動を、一八一九年に発表されたフランスの医師ルネ・ラエンネックの『間接聴診法』とつなぎ合わせてみせた点である。両者の生きた時代は重ならないし、聴力を失った作曲家による大曲とこの医学書に直接の関連性があるというわけでもない。人間の体内の音に耳を傾け、ひとつの音が他の音に、その音がまたちがう音に重なりなから、全体としてノイズの交響楽をつくり出すさまをラエンネックは観察しつづけ、言語化していった。デュアメルはそれを作曲や創作の過程に見立てたのである。

一七八一年、ブルターニュ地方カンペールに生まれたラエンネックは、一八一六年、それまで打診や触診に頼っていた診察法を根本的に変える聴診器を発明し、内科診療に革命的な進歩をもたらした。彼がそれまで実践していた打診法には、脂肪の多い、つまり肥満気味の患者の場合、音がよく聞こえないという難点があった。ある日、往診の帰りに、彼は子どもたちの遊びに眼をとめた。中が空洞になっている長い筒状の梁の端を、ひとりが固いものでひっかき、もう一方の端に残りの子どもたちが耳をつけている。ラエンネックも仲間に入れてもらって、確かめてみた。音は増幅され、しかも明瞭に聞こえた。すぐにきびすを返すと、彼は患者の家で紙をもらい、筒状に丸めて糸でぐるぐる巻きにし、一方の端を肥満気味の患者の胸に当てた。呼吸音と鼓動が、はっきり聞こえてきた。

ラエンネックは、それからさらに工夫を凝らした木製の聴診器で、千人近い患者の音を診察し、病状と音の相関関係を突き止めた。それをまとめたのが先の論考である。重要なのは、ラエンネックが少年時代から一八二六年に亡くなるまで、熱心なフルート奏者だったという事実だ。彼の耳は、音楽家の耳でもあったのだ。デュアメルは、フルートへの愛と呼吸音を聴く技術において、この先達と結ばれていた。ベートーヴェンの交響曲に聴いた搏動は、モーツァルトのオペラとは異なる意味での魔笛だったのである。

その角を取れ

日本語の一人称になにを選択するかは、つねに悩ましい問題である。事例を男性単数にかぎっても、僕、俺、私、小生、拙者、儂《わし》などと、状況によって使い分けなければならない。ひらがな表記にする場合もあるから、音声だけの日常生活のなかでより、文字で表される書き言葉における影響のほうがずっと大きく、「私」か「僕」かで、伝えるべき内容も伝えている人の雰囲気もがらりと変わってしまう。

とりわけ、一人称単数がひとつしかない外国語で書かれた文芸作品の翻訳においては、選ばれた視点が作品の色合いと読みの方向性、そして深さを決定づける。最後まで語りを担う人物とこの一人称が等価ならば、語り出した時点で選びとった「私」や「僕」というレンズを、途中で交換する必要は原則として考えなくてもいい。原則としてと言うのは、「語り」の鬼才、田中小実昌が訳したチャンドラーのフィリップ・マーロウ風に、《「ぼくはべつにタフじゃない」とおれは言った》と、相手によって一人称が変化する自然な反応を記しておく例もなくはないからだ。見えない語り手がいて、三人称の登場人物を動かし、彼等に年をとらせていく大河形式の小説作品を前にすると、ことはさらに複雑になる。幼年期の台詞は「ぼく」、青年期は「俺」、壮年期には「私」。そんなふうに適宜使い分けないかぎり表現できないニュアンスがたくさんある。

ここに、四十歳になったばかりの男がいる。残りの人生を歩んでいくための区切りとしてこれまでを振り返り、二十三歳から今日まで書き溜めてきたノートを、一冊の本にまとめた。題して『音楽への言葉』。刊行は一九七〇年である。箴言のような省察や観察記録がならび、ところどころ、七〇年現在の視点に立つコメントが付されているのだが、時代によって人称が変わり、すでに公にした文章の再録箇所には「私」が、若い日の言葉には「僕」が用いられている。緒言やコメント部分においてもローマ数字の章立てがある本文でも、この使い分けが遵守される。以上の要素がすべて盛り込まれた例を引いてみよう。

【「L」15《get that edge off!（その角をとれ！）》（アート・ファーマーの助言）／円やかに、息づいて、音楽を！／私は《ハーフノート》でアート・ファーマーと共演した。そのあとで彼は、ジャズのサークルでも普通にやるような「おい、すごいぞ君は」というような儀礼的な嘘はつかなかった。その代り、もっと「角を研ぐようにしなよ！」といったのだ。この善意ある建設的な批評に感謝しつつ、僕は自分の中に入っていった。】

最後の「僕」は意図的なものではない可能性もあるとはいえ、偉大なジャズ・トランペッターとの共演を果たしたときの気持ちの張りがよみがえって一人称を若返らせたと考えるほうが、私にはしっくりくる。このノートの書き手はピアニストである。ただし、ジャズの専門家ではない。フリードリヒ・グルダ。一九三〇年、ウィーンに生まれ、正統的なクラシックを学んで早くから頭角をあらわし、イェルク・デームス、パウル・バドゥラ＝スコダとともにウィーンの三羽烏と称されたそのグルダがジャズへの傾倒を表に出して演奏を開始した時期に、本書は世に問われたのだった。

グルダは二十代の頃から、「クラシックでもジャズでもまったく同じだ!」と考えていた。「ジャズの偉大な人たち、そしてバッハとモーツァルトを私はお手本にしよう」と。「私」がここにも顔を出す。「僕」と「私」の共存は、後年の活動を予告していると言ってもいいだろう。音楽を表現しているジャズの演奏家と、まずは技術を学ぼうとするクラシックの演奏家との相違を説きながら、グルダは両者を合体させる。楽譜を前にしての、内的な即興。一人称は、そのとき大きく変化せざるをえないのである。

俺はいつもの俺を弾く

グルダの『音楽への言葉』に掲げられていた、ジャズ、バッハ、モーツァルトをめぐる一節、「ジャズの偉大な人たち、そしてバッハとモーツァルトを私はお手本にしよう」に該当する部分を、べつの声で再生してみたらどうなるか。「偉大なジャズ・メンたちは、バッハやモーツァルトと同様に、ぼくの手本となるべき人々だ」。これは、一九八〇年から九〇年にかけて、オーストリア放送局のディレクターを務めた人物によるインタビュー集『グルダの真実』の緒言に見られるもので、「ジャズの人たち」と「ジャズ・メン」のあいだには、かなりの温度差がある。とはいえ、ひとりの人間が発した一人称が、訳者によって「私」と「ぼく」に引き裂かれ、かつ共存しえているのは、ふたつの領域を融合させようとしていた当時のグルダの動きによるところが大きい。

四十歳を過ぎた頃から、グルダは演奏会でもジャズを取り上げるようになったが、クラシックの探求に手を抜くことはなかった。一九六七年の来日の折には、右の言葉にたがわず、バッハにモーツァルト、そしてベートーヴェンの組み合わせで公演を行っており、ありがたいことにこれはCD化されている。グルダの軌跡を知ったうえで聴いてみると、あちこちにきらきらしたジャズの鱗粉が舞っているような錯覚に陥る。また翌年、つまり五月革命の年には、ベートーヴェンの《ピアノ・ソナタ全曲集》の録音を完成させ、ドイツ・レコード大賞を受賞していることも指摘しておくべきだろう。背筋を伸ばした姿勢で聴き入る必要のない、それでいながら適度な気の張りをもって何時間かを過ごすことのできる演奏だ。

こういう音を出す四十代のピアニストに一人称で語らせるとしたら、「ぼく」か「私」のどちらがふさわしいだろう。『音楽への言葉』の刊行よりも前、たとえば一九五〇年代にピエール・フルニエと組んだベートーヴェンの《チェロ・ソナタ》の知的なぬくもりのある音も印象に残っている身としては、やはり「私」を選びたいという気がする。これ以後も「私」を成熟させ、「ぼく」を取り込むかたちでより深い「私」を継続してもらいたいとも思う。ところが一九八〇年以後の言葉を編集した『グルダの真実』は、いきなりこうはじまっている。「俺が存在している、っていう事実そのものが、多くの人々にとっては一つのスキャンダルなんだ」。

グルダは異端である。一匹狼である。早々に燕尾服を捨て、イスラム帽をかぶったラフな格好でバッハやベートーヴェンを弾きこなし、その数時間後にはジャズ・クラブのピアノの前にいたりする。悪口を言われてもいっこうにひるまない。どんな音楽を演奏しても「一種独特の魔法」を発することができるという圧倒的な自負がある。その魔法とは、「俺のいちばん深いところにあるもの」「どうやっても壊れない核みたいなもの」だと彼は言う。「何を弾こうと、俺はいつもグルダを弾くんだ」。

この文脈で「私はいつもグルダを弾いているのです」と穏やかな声で語らせても、不自然ではない。邦訳者は「あとがき」のなかで、当初「わたし」ではじめてみたものの、どうもなじまず、最終的に「俺」に落ち着いたと述べている。要するに、グルダのなかには「私」も「わたし」も「俺」も、おそらくは「おれ」もあって、それらが絶妙に調合されていたということなのだろう。一人称の不気味さを当たり前のこととして生きている日本の聴衆にとって、グルダの音楽は、複数の自己の枝をのばしてなおひとつにまとまりうる、ゆるぎない樹木なのである。

音の身分証明

そのピアニストの推奨盤がショパンだという知識はあったし、のちにドラクロワの作品だと知ることになる肖像画を配したジャケットに惹かれてもいたけれど、さんざん試聴させてもらったあげく私が選んだのは、ベートーヴェンの《ピアノソナタ第二九番変ロ長調作品一〇六》だった。雨の平日とはいえ、LP一枚しか買うお金のない子どもを、若い店主はよく相手にしてくれたものだと思う。ギターの教師にしてアマチュアのジャズバンドを率いてもいる才人だったが、音楽雑誌の広告を鵜呑みにして生意気なことを言っても、けっして馬鹿にしたりしなかった。

通称《ハンマークラヴィーア》を勧めてくれたのも、店主のほうだった。じつはまだ通しで聴いたことがないんですと正直に打ち明けると、ぼくも裏表を通してかけることはほとんどなくていつもA面止まりだし、どうせならB面をいっしょに聴こうと言う。私たちは突っ立ったまま、第三、第四楽章を最後まで聴いた。客は私ひとりである。扱っているギターと関係があったのか、店のオーディオ・システムはヤマハで統一されていて、機器の特性が加味されていたのだろう、どこまでも明澄な演奏だった。テンポがあがっても小豆をぱらぱら蒔いたようにひとつひとつの音が粒立って、軽やかに響く。あんまりきれいな球体が飛んでくるので、はじめは音楽ではなく音だけを拾いがちだったのだが、それらが徐々に連なって暗い声の根を張り出した頃には、もう買う決心を固めていた。

ショパンのLPはだいぶ遅れて手に入れた。しかしその演奏がなぜかしっくりこなくて、ベートーヴェンの別の後期ソナタや協奏曲ばかり聴くことになり、本筋から外れているようなうしろめたさを感じる一方、いつかこのピアニストを生の音で聴く機会に恵まれたら、やはりドイツの作曲家を軸にしたプログラムがいいと夢見たりしていた。

それが現実のものとなったのは、《ハンマークラヴィーア》を買ってからおよそ十年後、都心の小高い丘の上で開かれたコンサートでのことだ。「青少年のいる光景」で述べたとおり、私はこのときの応募資格年齢と開催年を、完全に誤って記憶していた。巨大なホールに向かったのは、学部学生の時代だとばかり思っていたのだが、それよりあとでなければ辻褄が合わないのだ。

ところが先般、このピアニスト、つまりマウリッツィオ・ポリーニが三十九年の歳月をかけて完結したベートーヴェンの《ソナタ全曲集》のCDボックスを求めて作品一〇六を聴いていたとき、突然思い出したのである。事前の応募に際して用意したのが、学部の学生証のコピーであったことを。不整合を指摘してくれた人によると、問題のコンサートは一九八六年、私が大学院に入った年の五月に開かれていた。つまり、応募段階では学部学生で、会場に出向いたとき大学院生になっていたわけである。おまけに、青少年の定義も三十歳以下であったという。二十歳までだったら、学部の二年でもう資格を失っていたはずなのだ。ではなぜ、現場に中高年の姿が多かったのか。その謎については、いまだ解決されぬままである。

音楽は、私にとってつねに歪んだ記憶のなかに、いや、記憶の歪みのなかに響いているらしい。過去のすべての情景に信憑性がないわけではないけれど、たぐり寄せた糸の先に予想外の光景がひろがるのは、むしろ自然なことなのだ。音の糸は音の意図。場合によっては神の意図にもなる。翻弄されるのはつねにこちらのほうであって、だからこそ音楽との一対一の関係に適度な緊張が生まれてくる。どんなに細く、どんなに絡まり合っていても、それが音楽にまつわる身分証明である以上、むげに断ち切ることなど、いまも、またこれからもできはしないだろう。

参考文献

石井宏『ベートーヴェンとベートホーフェン』七つ森書館、二〇一三年
伊藤勝行『伊藤勝行詩集　日本現代詩文庫１０４』土曜美術社、二〇〇〇年
岩城宏之『楽譜の風景』岩波新書、一九八三年。
尾崎一雄『暢気眼鏡・虫のいろいろ―他十三篇』岩波文庫、一九九八年
畠山睦夫『ディヌ・リパッティ　伝説のピアニスト――夭折の生涯と音楽』ショパン、二〇〇七年
吉田秀和『名曲のたのしみ、吉田秀和――モーツァルト　その音楽と生涯　第一巻』学研パブリッシング、二〇一四年
ヴァージニア・ウルフ『ジェイコブの部屋』みすず書房、一九七七年
フリードリヒ・グルダ『音楽への言葉』前田和子訳、音楽之友社、一九七六年
フリードリヒ・グルダ『グルダの真実―クルト・ホーフマンとの対話』田辺秀樹訳、洋泉社、一九九三年
ジャック・ティボー『ヴァイオリンは語る』粟津則雄訳、白水社、一九六九年
ジョルジュ・デュアメル『慰めの音楽』尾崎喜八訳、白水社、一九六三年
ダニエル・バレンボイム＆エドワード・サイード『音楽と社会』中野真紀子訳、みすず書房、

二〇〇四年
ユーリー・ボリソフ『リヒテルは語る　人とピアノ、芸術と夢』宮澤淳一訳、音楽之友社、二〇〇三年
ジェラルド・ムーア『伴奏者の発言』大島正泰訳、音楽之友社、一九七〇年
ジェラルド・ムーア『お耳ざわりですか―ある伴奏者の回想』萩原和子他訳、音楽之友社、一九八二年

＊

Grigore Bargauanu et Dragos Tanasescu, *Dinu Lipatti,* Lausane,Payot,1991.
Michael Charry.-*George Szell,A Life of Music,* University Illiois Press,2011.
Helène Grimaud.- *Retour à Salem*, Albin Michel, 2013.
Sylvette Milliot - *Entretiens avec André Navarra*, L'école française du violoncelle, 1991.
Etienne Subtil.-*René Théophile LAENNEC,* nouvelle édition angmentée.-L'Harmattan,2006.
Jacques Thibaud.- *Un violon parle*, Editions du blé qui lève, 1947.

＊

（http://delvincourt.e-monsite.com）「クロード・デルヴァンクール友の会」
（http://www.musimen.com/delvincourt.htm）

＊本書は、小学館発行『クラシックプレミアム』誌に平成26年1月から平成27年11月まで連載された記事に加筆して構成したものです。

堀江敏幸

1964年、岐阜県生まれ。作家。
1999年『おぱらばん』で三島由紀夫賞、
2001年『熊の敷石』で芥川賞を受賞。
主な著書に『雪沼とその周辺』(谷崎潤一郎賞)、
『河岸忘日抄』(読売文学賞)『正弦曲線』、
『その姿の消し方』(野間文芸賞)ほか。
訳書にマルグリット・ユルスナール
『なにが? 永遠が』などがある。

音の糸

発行日　2017年1月31日　初版第1刷発行

著　者　堀江敏幸
発行者　清水芳郎
発　行　株式会社　小学館
〒101-8001　東京都千代田区一ツ橋2-3-1
電話（編集）03-3230-5118
（販売）03-5281-3555
DTP　株式会社　昭和ブライト
印刷所　大日本印刷株式会社
製本所　株式会社　牧製本印刷株式会社

ISBN978-4-09-388525-6